CAMINO DERECHO, CAMINO INFERNAL

Camino derecho, camino infernal

© Del texto: María José Herrera Roldán
© De esta edición: NPQ Editores
www.npqeditores.com
edicion@npqeditores.com

Primera edición: mayo, 2025
Impreso en España

PEFC

Los papeles que usamos son ecológicos, libres de cloro y proceden de bosques gestionados de manera eficiente.

ISBN: 978-84-10453-81-4
Depósito legal: V-1831-2025

M.ª JOSÉ HERRERA ROLDÁN

CAMINO DERECHO, CAMINO INFERNAL

Dulce juventud, bendito pajarillo que abre sus alas y deja el nido para echarse a volar. Años jóvenes llenos de ilusión y experiencia inexistente, pero en la vida siempre hay la cara y la cruz en casi todas las cosas y en la adolescencia también.

Desde el comienzo del mundo, cuando nacemos, yo creo que ya está trazado cada paso de nuestra vida.

Dios nos pone en el mundo y nos da la oportunidad y el don de poder hablar, comer, ver, sentir y tantas cosas increíbles que tiene la vida.

Y todo esto se aprende y se consigue porque nuestros padres son los que, desde el momento de nacer, se encargan de enseñarnos a vivir.

Luego otra cosa es como cada uno de nosotros la queramos o la podamos vivir.

Hay dos caminos a seguir, uno es el bueno, otro es el malo o infernal. El camino bueno quizás sea más difícil porque hay que luchar contra los problemas de cada día: trabajar para comer, estudiar y tirar para delante con sacrificio como podamos o sepamos, pero sin dañar a nadie en cada dificultad o tropiezo que podamos tener cada día de nuestra vida; respetando, queriendo y ayudando.

El camino malo es el que se quiere conseguir todo sin esfuerzo, sin trabajo, robando, dañando y pisoteando a quien se cruce en el camino sin ningún respeto ni mostrando buenos sentimientos.

He cogido papel y lápiz y me dirijo a todos los adolescentes que han cogido el fácil, pero malo, para que piensen, reflexionen y se den cuenta de que en la vida hay cosas malas, esas que no se pueden cambiar. Por ejemplo, enfermedades, desgracias o muertes. Aunque sí se puede cambiar el camino de cada uno de nosotros.

Un día, hará ya mucho tiempo, estuve en un palacio, pero no en el palacio de las maravillas, sino en el Palacio de Justicia. Un lugar frío y triste, y he de decir que, siendo adulta, me impresionó mucho. Mi sensación y mis pensamientos me asustaban. Ver a tantos jóvenes y niños aún en un sitio que no les corresponde y al que nunca debieran llegar. Malas compañías, familias rotas, jugar a mayores, estar todo el día en las calles, falta de cariño...; quién sabe por qué cada muchacho o muchacha ha llegado a esa situación.

Yo he observado sus caras y me hubiera gustado penetrar en sus pensamientos: ignorancia, arrepentimiento... Sus caras de miedo reflejaban eso mismo: miedo, pánico a algo; no sabían lo que les esperaba. Cuántos de ellos nunca lo volverán a hacer, otros nunca pararán y otros, los que menos, nunca hicieron nada y fueron las circunstancias y la casualidad; estaban en el sitio equivocado.

Pero en cualquiera de los casos, son hechos y experiencias malas, traumáticas, muy amargas, que llevarán en sus vidas y no podrán borrar nunca.

¿Qué pensamientos y qué sentimientos tendrán los jóvenes sobre sus padres? ¿Serán conscientes de su dolor y de la pena que significa para ellos ver a sus hijos e hijas, esos que un día trajeron al mundo con ilusión y por amor y que el único deseo es querer y cuidar cada minuto de sus vidas? ¿Sabéis vosotros, adolescentes, del camino torcido, el dolor y la impotencia que siente una madre que te ha llevado en su cuerpo nueve meses? No hay querer ni dolor que sea mayor. Si por la boca en vez de gritos salieran besos, qué felicidad con algo que no cuesta ni dinero.

Parece mentira, pero es real, a veces solo necesitas un beso de tu hijo, un «Hasta luego, mamá», en vez de un portazo. Qué simple, qué fácil y a la vez qué difícil de realizar.

Si cada vez que los jóvenes, cuando están o puedan ir a algún sitio no bueno para ellos o hacen o puedan hacer algo que no está bien, por un momento sintieran lo que siente una madre, yo estoy segura de que no habría tantos delitos. Algo en su interior movería el vínculo materno, quizás un poco olvidado.

Quizás por el ritmo de vida que hay, o bien por la época que vivimos, o por el cambio tan grande de generaciones. En la época en que nosotros, los que hoy somos vuestros padres, fuimos adolescentes había otros valores a los que hay hoy. Había respeto por los padres y, aunque también fuimos rebeldes, no tuvimos los grandes conflictos y las grandes batallas para ganar una guerra como la que hoy se lucha entre padres e hijos.

En el mundo, y la vida misma de por sí, ya hay otros problemas más importantes y que vienen sin buscarlos.

Por ejemplo, las guerras, que son como un monstruo muy grande que nosotros no podemos detener aunque no las queramos. En las guerras a los jóvenes como vosotros no les dan a elegir entre un trozo de pan o morir de hambre. Vosotros, a través de la tele, veis el horror y el miedo de quienes tienen que vivirla. Irrumpen en sus vidas, en sus casas, sin llamar, sin preguntar y destrozan sus hogares, que en muchas ocasiones solo tienen cuatro paredes y un techo; pero es lo que tienen para alojarse. Cualquier día llegan y no importa la hora, si es de día o si es de noche. Matan a sus familias y, en muchas ocasiones, les ponen un fusil en la mano y les ordenan disparar sin tener opción a decir «No». Se les rompen las ilusiones, el alma y a muchos la vida.

Reflexionad y escoged los colores de la vida para vivir dignamente y en paz. Vosotros, adolescentes de hoy, si os dan a elegir, escoged el bien porque el mal solo trae sufrimientos. Hay muchas penas en el mundo incontrolables para vosotros como el hambre. Nosotros no podemos quitar el hambre de tantas personas en el mundo, aunque sí podrían las naciones fuertes y poderosas, pero nosotros no podemos. Además, los que tienen el poder solo piensan en sus logros y convenciones sociales.

También hay algo que nos viene sin querer, las enfermedades. Todos desde que nacemos ya estamos predestinados a ellas sin ningún tipo de excepción para todas las personas. ¿Quién no ha tenido en alguna ocasión un resfriado o el sarampión o una infección o un dolor de cabeza? Absolutamente todos, pero estas son enfermedades que tienen una buena solución y el tiempo se encarga de curarlas.

Sin embargo, hay otras que nos vienen a nosotros mismos, a un familiar, a un

amigo o un conocido; otras graves trai-
cioneras. Un buen día aparece en nuestras vidas y tenemos que luchar, no ya
con una guerra ni con la justicia ni con el
camino infernal; tenemos que luchar con
nuestra propia vida y contra la muerte.

Por desgracia, la enfermedad también
llega a los niños y jóvenes como vosotros y no entraba en sus planes truncar
sus vidas. Yo he visto chavales en el
hospital luchando por la vida que ellos
no quieren dejar.

Tuve un hijo que se llamaba Juan Tomás
que a los quince años de vida le diag-
nosticaron una grave enfermedad y a
los diecisiete murió. Sé lo que es vivir
con un niño o un joven día a día con la
muerte a sus espaldas.

Conocí a muchísimos niños y jóvenes como él que seguían soñando y con la esperanza de salir un día de ese infierno. Tenían ilusiones, lo que les gustaba, ellos soñaban en realizar sus sueños un día. Mi hijo quería una moto, una Harley, solo quería que le llevara revistas para verlas. Le gustaba bailar su ídolo Michael Jackson, le gustaban las fallas, las navidades y tantas cosas más.

Pascual, otro chaval, quería ser camionero como su padre y quería llevar un mono en el camión, pero un mono de verdad.

Y como ellos, tantos que nunca llegaron a cumplir sus sueños. No necesitaban dinero ni fiestas ni hijos, solo les hacía falta la vida para vivir. No tenían aburrimiento, tenían desespero y ellos solo podían luchar y esperar.

Si vosotros, los que no tenéis nada que hacer, por aburrimiento os dedicáis a robar, asustar, pegar e incluso a matar a la gente con lo que eso conlleva para todos; os podéis asomar un día por un hospital, solamente un día. Allí, entre cuatro paredes frías y tristes, vuestra forma de pensar y de ser cambiaría. Veríais gente joven y niños como vosotros luchando contra un monstruo invisible para ellos mismos, con sus cuerpos debilitados, pero sacando las fuerzas que los valientes saben hacer. Veréis sus caras asustadas, pero con la sonrisa en ella dando ánimos a todos. Pero ellos, con el miedo en el cuerpo, con sus ilusiones y proyectos dependiendo de Dios y de la ciencia, pensando cada mañana si este será su último día o si mañana cuando amanezcan aún estarán aquí.

He visto a la muerte llevarse a mi hijo y a chicos como él que compartieron ilusiones, risas y esperanza. Jóvenes, yo me indigno cuando he visto todo esto y mucho más que se os podrían los pelos de punta. Cosas que tenemos en la vida que nos toca vivir, que no podemos controlar, que se nos escapan de las manos.

En cambio, hay tantas otras que sí podemos evitar. La vida es muy bonita y vosotros, estoy segura de que no os habéis detenido a saborearla y a pasear por los rincones de vuestra alma. Tened una conversación con vuestros padres, eso también engrandece los lazos familiares. Abrid los ojos, respirad el aire y sentíos vivos y sanos. Vosotros no sabéis que los pequeños detalles enriquecen a las personas, hacen que te sientas bien contigo mismo y con los demás.

Hay que trabajar o estudiar, si trabajas, tú mismo te sientes más valorado y diferencias un lunes de un domingo. Además, el cansancio por el esfuerzo es muy gratificante. Si estudias, estupendo, porque te estas preparando intelectualmente para la vida laboral, ya sea una formación para ganar un sueldo, ya sea una carrera.

Es bueno para vosotros levantarse y tener una obligación porque si no, el aburrimiento, el no tener ni saber lo que vais a hacer se apodera de vuestra mente y es cuando aparecen los malos rollos, las malas ideas o el querer hacer algo. Y lo que hacéis es destrozaros la vida, la vuestra sobre todo, pero también la de vuestra familia y las personas que os quieren. Hay que tener una ocupación diaria, hacer deporte o leer mucho para abriros la mente y no ser unos apáticos mentales.

Me gustaría que vierais la vida como algo que no perdura, que un día nos iremos de ella y si no somos nadie, cuando ya no estemos, nadie nos recordará y será como si no hubiéramos existido. Y cuando me refiero a ser alguien, me quiero referir a ser buena gente, ayudar moralmente y humanamente a quien te necesite y a sacar de ti los valores humanos de la vida como por ejemplo, el compañerismo, la lealtad, la comprensión, la honestidad, la honradez, etc.

También hay que trabajar con lo que puede ser negativo y malo, por ejemplo, la envidia, la soberbia, la maldad, el orgullo, el rencor; sentimientos tan negativos y malos malignos que no son buenos y causan dolor y hasta destrucción. Pensad en vuestros padres, en hacerles la vida un poco agradable, que aparte de los problemas diarios de la vida, consigan tener un poquito de tranquilidad con vosotros.

Pensad en ellos, no van a vivir eternamente y llegará el día que os tengan que dejar. ¿Sabéis una cosa? Los echaréis de menos y también los necesitaréis y entonces os daréis cuenta de que ya es demasiado tarde. Más vale rectificar a tiempo que pasar arrepentidos el resto de vuestras vidas.

Estoy escribiendo desde el fondo de mi corazón, yo no soy escritora, como ya habéis visto, solo soy una madre que un día fue adolescente como un día lo fueron mis hijos, igual que vosotros. Mi deseo sería que lo leyera la juventud por si les sirviera de algo. Ojalá despertar interés o al menos curiosidad. No me importaría darle esto a cada joven que lo quisiera leer y puedan entender los pros y los contras de cada decisión que se realiza.

Espero que un día terminen las guerras, las enfermedades, el sufrimiento y el hambre, sobre todo. Pero también me gustaría ver las cárceles vacías, a los jueces y abogados de vacaciones, y a los chavales y niños viviendo la vida bonita y respirando el aire de la libertad porque detrás de las rejas las horas no pasan ni pasan las penas, el tiempo se para.

Si vuela la juventud, por las rejas se escapa. La libertad no se puede comprar ni se puede cambiar, cada ser humano nos la tenemos que ganar desde que tenemos uso de razón, yendo rectos por la vida y llevando la cabeza muy levantada.

Yo retrocedo años atrás y aparecen en mi memoria mis años de adolescente, yo también fui rebelde y yo también le di alguna preocupación a mi madre. También sufrió por mí, yo creía saber más que ella. Yo creía saber más que la gente que me quería y aunque lo estuviera viendo, tenía o me ponía una venda en los ojos. Hice lo que yo pensaba sin escuchar ni oír a nadie, nada más que a mí misma, a eso se le llama rebeldía. Dañé a mi madre con lo que a ella más le dolía, estar con la persona equivocada y que no era buena para mí. Ella intentó evitarlo, yo era aún una niña y me enamoré, aún creía en los cuentos y en príncipes. Y las madres, que tienen un sexto sentido, lo veía todo claro por lo que le contaban de esa persona; pero ahí estaba yo equivocándome como todos los jóvenes en la historia. Al final, viendo que no iba a conseguir nada, se dio por vencida y lo aceptó.

Pero lo peor y lo que ella más temía pasó al quedarme embarazada, muy a pesar mío porque yo tampoco quería eso. Hoy en día eso es normal, no se ve mal, pero hace años era una vergüenza para la familia, sobre todo para una madre. Ese fue el único, pero gran problema, que yo le di a mi madre.

Y sabéis que la vida te pasa factura más pronto o más tarde porque la razón solo tiene un camino: el recto, el derecho.

Cuando vosotros seáis mayores y tengáis unos años más, vais a ver el mundo de otra forma y os arrepentiréis por cosas y hechos que hicisteis queriendo o sin querer, conscientes o inconscientemente. Muchos vais a pagar con vuestra libertad, con vuestras penas o desgracias, soledad o abandono en el peor de los casos.

Yo cuando fui adolescente tuve a mi madre para lo bueno y lo malo y hoy, que soy madre, y también mis hijos fueron adolescentes, estuve en lo malo y en lo bueno. Igual os pasará a vosotros en la cadena de la vida. Hoy gritáis, mañana dialogaréis; hoy os coméis el mundo, mañana lo saborearéis.

Hay un refrán que dice «Más vale llegar tarde que no llegar nunca», no comáis demasiado para que no os quedéis a mitad del camino. Yo os animo, chavales, a que viváis vuestra juventud día a día, hora a hora, segundo a segundo.

Dulce pájaro de juventud
que abre sus alas para echarse a volar,
vuela alto en el cielo, vuela sobre el mar,
cuando el sol asome su cara, dale un
beso al pasar
y cuando oculte sus rayos el sol, vuela
bajo, no te vayas a estrellar.

La vida es de colores bonitos o de color negro, oscuro, sombrío y en nosotros está encajar cómo la vamos a vivir. Qué suerte tenemos de elegir, no todos pueden escoger entre el bien y el mal en este mundo en que vivimos de enfermedades, cosas malas por el mundo y esa palabra llamada *droga* que no podemos controlar.

Como si de un lobo se tratara,
acechase a sus víctimas
en cualquier esquina,
en cualquier lugar.
Y no les importa
la edad que tengan
ni que son unos niños
que necesitan la vida
para poder respirar.
Cuánto llora una madre
por ese hijo que un día parió
siente rabia en todo su cuerpo,
impotencia y dolor.
Que por culpa
de personas ambiciosas,
que solo les importa el poder,
convierten a sus hijos en la nada
y ellos no los pueden detener.
Cuánto mérito
tienen esos padres

que con esta desgracia
tienen que luchar.
Les salen las fuerzas
desde las entrañas
y Dios todopoderoso
les tiene que ayudar.
Es una carga muy pesada
la que día a día tienen que llevar.
Ver cómo se apagan sus hijos,
ver cómo se mueren
sin ellos poder hacer nada,
por culpa de personas
sin escrúpulos, sin corazón
ni humanidad.
A esos hombres yo les digo:
«No vendáis la muerte
a vuestros hijos,
dejadles que vivan su juventud
dejadles vivir en paz,
no les vendáis ilusiones rotas.

La muerte a galope
a muy temprana edad».
Qué pena me dais, poderosos,
¿acaso pensáis vivir
una eternidad?
De qué os valen
vuestras riquezas
a cambio de vuestros hijos
si un día la muerte os llamará
y ni con todo el dinero
del mundo,
a la muerte podréis comprar.
Dios estará allá arriba
esperando a que lleguéis
para poderos juzgar.
Que Dios si puede, os perdone
porque las madres
no os podemos perdonar.

Juventud, divino tesoro. Vivid la vida bonita, vividla de colores, abrid los ojos a la esperanza, que siempre sonriáis y nunca tengáis que llorar.

Yo creo que la lucha o la guerra que hay entre padres e hijos es una lucha por amor. Este choque de generaciones creo que es consecuencia de la experiencia de vuestras propias vidas, nuestros fracasos y tropiezos.

Les queremos decir el camino que tienen que coger, queremos protegerlos, advertirlos y es tanto nuestro empeño que nos olvidamos de cuando nuestros padres hicieron lo mismo y casi nunca comprendíamos. Nosotros, que fuimos adolescentes, sabemos y podemos ponernos en vuestro lugar, por eso queremos que salte el tiempo en vuestra vida para que no tengáis que sufrir ni pasar por las cosas malas que hay en el camino y que nosotros tuvimos que pasar, a veces dando un portazo y otras veces de puntillas.

Yo soy madre y lo mismo que no quiero nada malo para mis hijos tampoco lo quiero para ninguno de vosotros. Nadie quiere que os pase nada malo. Cuántas veces lloramos de rabia e impotencia, nuestra vida se oscurece, ya podemos tener todo en la vida pero si no os tenemos, nada. Vosotros sois las personas y lo más importante que tenemos en nuestra vida; si vosotros estáis bien, nosotros lo estamos, si vosotros estáis mal, no vivimos. Porque desde el primer momento que llegáis al mundo sois la

razón y el motivo para que nosotros si-
gamos caminando.

Algún día cuando seáis padres, lucha-
réis por vuestros hijos, por su bienestar
y contra el mundo que los quiera dañar.
Queremos que nuestros hijos estén en
buenas compañías, con buenos amigos
que nosotros creamos que son idóneos;
pero aun así, lo que pasa desde la puerta
de nuestra casa para fuera no lo podemos controlar, solo tenemos que confiar.

Y por si no hubiera bastante, las separaciones que hay hoy en día, que son
muchas, demasiadas, y como en tantas
otras cosas, los hijos son los más perjudicados. Hay separaciones amistosas
que piensan en sus hijos y su máxima
preocupación es protegerlos y que, en la

medida de lo posible, no sufran y sientan que papá y mamá siempre estarán. Pero en la mayoría de los casos son separaciones traumáticas y dolorosas y es ahí donde los hijos se convierten en monedas de cambio que van y vienen y en escudos de armas de una batalla que tienen las personas que ellos más quieren, sus padres. Ya sean pequeños o sean grandes, cada uno gestiona como puede el ver cómo se separa su familia, con la que han crecido y en sus mentes nunca hubieran pensado que eso sucediera.

En los conflictos de los mayores todos deberían mantener a los hijos al margen y especialmente a los más pequeños porque son más vulnerables, son más indefensos y necesitan a su padre y a su madre independientemente de que ellos se lleven bien o se lleven mal porque todo esto luego repercutirá en sus vidas. Nosotros, los padres, deberíamos interponer los hijos ante todo lo demás. Ellos están aquí porque quisimos que nacieran, si luego las cosas no salieran como queríamos y la pareja se separa, los hijos ni tienen la culpa ni son responsables de los actos de los adultos. Y si esto les llega en la adolescencia, eso ya es un caos en sus vidas y es un problema añadido a los de su edad: el cambio hormonal, las hormonas revoloteando en sus cabezas y en su corazón. Sus vidas dan un giro de 360 grados, se les junta lo propio de los años y lo añadido por las circunstancias.

Quiero hacer una llamada de atención a todos los padres que piensan en el día de mañana, las consecuencias que puede tener. Nos podemos separar, pero los hijos lo primero para que tengan una normalidad en sus vidas y sean unas personas honradas y felices que cojan el camino recto o derecho, que no se desvíen hacia el camino torcido, tormentoso; el camino infernal.

Yo hablo en primera persona, he vivido situaciones, he sido testigo y he luchado contra los sentimientos. Mi experiencia a lo largo de mis años me dice que luchemos, ayudemos y controlemos a nuestros hijos, pero lo que tenga que ser será porque aunque nos pongamos delante de ellos, nos traspasarían. La amargura y la frustración que sentimos cuando las cosas no nos salen como nosotros queremos y deseamos, nos van minando nuestras vidas.

Tendríamos que cambiar, si eso fuera posible, e intentar vivir sin la amargura que a veces llevamos en el alma. Yo he intentado ponerme a su altura y he tratado de hablar y razonar sus ideas y las mías. Traté y trato de ver el mundo de ellos que, aunque es muy diferente al que yo tuve a su edad, la rebeldía sigue siendo la misma y los sentimientos esos no cambian, siempre serán los mismos. Sí cambian las modas, las ideas, las circunstancias y el estilo de vida de cada persona. Hay que dialogar. Intentar que entren en razón es difícil; pero lo que hay que hacer, siempre que ellos quieran claro, es darles nuestro apoyo y confianza y quizás, solo entonces, habrá un entendimiento y acercamiento entre todos. Y si, por desgracia, nos encontramos con la total indiferencia ante todos nuestros intentos y nuestros hijos escogieran el camino del mal y de la distancia familiar, pidámosle al poder superior que les alumbre por el camino del bien.

Padres sufridores, que lo único que desean y quieren es encontrar serenidad y calma para poder seguir viviendo sin la presencia y el cariño de sus hijos, esos que un día hicieron madre a una mujer convirtiéndola en la persona más feliz. Madres que nos parieron con dolor sin saber que el resto de la vida el dolor perduraría desde el fondo de sus corazones. Adolescentes, chicos y chicas, recordad que la juventud se va, igual que vuestros padres que, aunque se estén muriendo, seguirán dando vida por la vuestra.

Cuántos padres darían su salud a cambio de la vuestra, por tantos y tantos hijos que hay esclavos de su mente con esa maldita enfermedad psicológica que es la depresión o la anorexia y tantas otras enfermedades mentales que hay. Un mundo inmenso atrapado en el fondo de un pozo que no los deja salir y ver la luz. Jóvenes que tienen que convivir todos los días y todas las noches con sus miedos, sus complejos, sus razones y temores. Chicos y chicas, con toda una vida por delante, atrapados en su propio ser. Niños y niñas que dejan de comer para no engordar pese a que ya están delgadas, que se asoman a un espejo y ni se ven. Ya les pueden decir que esa no es la realidad, que están más guapos, que lo que ven en el espejo no es la realidad. A los jóvenes que en su mente tienen la tristeza y el miedo a vivir.

Aunque mucha gente no comprende ni lo entiende, todos deberíamos ayudar en lo que se pueda a nuestros hijos, amigos o familiares que tenemos al lado. Cada día que amanece y hay que comenzar el día es un tormento abrir los ojos para ellos, su mundo amanece gris. No ven el sol aunque sus rayos nos queman. Tienen que tener la comprensión y el apoyo de la gente que les rodea.

Quiero dar un poco de ilusión y ánimos para que cada uno de vosotros luchéis para salir de ese mundo que os tiene atrapados y no encontráis salida hacia la realidad. Todo pasa en esta vida y vosotros con vuestra lucha diaria también conseguiréis, antes de lo que os podáis imaginar, dejar atrás el tormento y la sinrazón. Es complicado para las personas adultas estar y salir de un mundo tan difícil y oscuro.

Imaginemos entonces lo que significa para los adolescentes, qué pensarán sus mentes y cómo verán la vida y su futuro cuando ya los mayores la ven cuesta arriba. Niños que se niegan a comer aun a costa de perder la vida y sufrir cada minuto de su existencia cerrando sus bocas.

He vivido al lado de jóvenes con depresión, yo he visto llorar y llorar, visitar psicólogos y psiquiatras, tomar pastillas y más pastillas que los hacen dormir y aislarse del mundo y de los problemas; solo quieren dormir para no pensar y que pase el tiempo. Y como ellos, muchísima juventud que sin buscar, un día apareció la palabra *depresión* en sus vidas y en sus mentes.

Sé que hay niños conflictivos, jóvenes con problemas que lo pasan mal, ellos y sus familias; pero como estáis viendo, también los hay con problemas de salud que lo han pasado o lo están pasando mal. En cualquiera de los casos, vosotros tenéis que luchar por la vida que os ha tocado vivir y tener el coraje de salir hacia delante con la fuerza que tiene la juventud. Y pensar que en esta vida todo pasa, los problemas, el tiempo y vuestras angustias.

Quiero animar a todos los padres y, sobre todo, a las madres, que por cualquier

circunstancia viven sin sus hijos porque
se encuentran lejos, porque hayan falle-
cido, porque están en la cárcel privados
de libertad, porque hayan desaparecido
o por cualquier otra circunstancia.

Tú, mujer, que un día
pariste con dolor, que cogiste a tu hijo
entre tus brazos
y el mundo se paraba ante ti.
La vida te guardaba un sinsabor,
la amargura que siente tu corazón
cuando tu hijo de ti
se marchó.
Cada noche
cuando te acuestas
cierras los ojos
para dormir
y te duermes
para poder soñar.

A veces sueñas
que lo encuentras,
otras veces
que lo vas a encontrar,
otras no sueñas nada.
Y cuando la luna se esconde
y el sol
empieza a brillar,
cuando abres los ojos,
vuelves a la realidad.
Te dormiste sin tu hijo
y sin él te vuelves
a despertar.
Sales a la calle
mirando hacia delante
y también mirando para atrás
con la esperanza de ver a tu hijo,
que te diga: «Mamá»,
abrazarlo y besarlo
y no soltarlo jamás.

En la vida hay muchas penas, sufrimiento, grandes problemas que no se pueden evitar; sin embargo, hay tantos otros que están en nuestras manos el poder controlar.

Vivamos la vida que un día nos regalaron, que un día os regalamos queriendo y respetando a todos sin excepción. Oíd, escuchad las palabras de quienes os dieron la vida, vuestros padres son las personas que nunca os fallarán. Desde vuestro nacimiento os dieron su amor incondicional, no ignoréis a quienes os han dado su tiempo y parte de su vida. Los hijos son para toda la vida, para lo bueno y lo malo. Amor de padres, amor de abuelos.

Hay gente mayor que son o pueden ser vuestros abuelos; esos que a veces se pasa de ellos, que no se les escucha, que necesitan un abrazo y un beso en sus rostros arrugados por el tiempo. Casi todos trabajando desde que eran unos niños, que después de años de trabajo, de duro trabajo, y de criar a sus hijos quitándose ellos de muchas cosas que hoy en día todos disfrutamos gracias a ellos, hoy se encuentran o un día se encontrarán casi al final de su camino con el dolor físico en una cama, sin poder levantarse esperando a la muerte pero sufriendo. Lo único que les quedaba son los recuerdos de su vida, esa que a veces empiezan a contar y a veces no se les escucha porque dicen que son batallitas y lo que es único es su vida, todos sus recuerdos y vivencias. Ellos se merecen una muerte dulce en recompensa de tantos años de trabajo y sacrificio. Ellos, que sin saber leer en su mayoría, nos han enseñado una cultura que no está en los libros, no os podéis imaginar lo mucho que os pueden enseñar sus palabras.

Yo he aprendido mucho de ellos y en momentos difíciles me acuerdo de los que aún están y de los que ya se fueron. Yo soy de otra generación y mis abuelos y personas como ellos ya no están, pero que a mí me marcaron mi vida para bien; nuestros abuelitos, que siendo unos niños tenían que trabajar de sol a sol.

Pero vosotros, chavales de caminos torcidos, vosotros que tenéis a vuestros abuelos en esta vida, si os paráis un poquito a escucharlos, vuestras vidas cambiarían y aprenderíais con la riqueza de sus años y la sabiduría que han adquirido a lo largo de sus caminos. Y no sabéis lo que se quiere a los nietos y lo que se les necesita, ellos son la prolongación de sus hijos, que son vuestros padres. Y la rueda de la vida seguirá rodando; siempre habrá jóvenes, unos nacerán, otros morirán y el mundo girará y girará en la rueda de la vida.

Cuando nacemos no venimos con un libro de instrucciones, eso sería lo ideal, una guía para saber qué hacer con unas pequeñas criaturas que llegan a nuestra vida y que tenemos que empezar a cuidar, proteger y educar. Y lo tenemos que hacer día a día, sobre la marcha, haciéndolo lo mejor que sabemos, aprendiendo a la vez que ellos.

Y muchas veces también nos equivocamos deseando y empeñándonos en que eso que hacemos es lo mejor, pero a veces es lo contrario. Actuamos de una forma, cuando tendríamos que hacerlo de otra. Hablamos, cuando a veces tendríamos que escucharnos, aun teniendo razón, unos a otros. No siempre tenemos la razón, solo creemos tenerla, y otras veces queremos imponer nuestra autoridad por ser mayores y por lo ya vivido. Pero nosotros siempre haciéndolo desde el amor y el querer proteger y cuidar del camino complicado y a veces doloroso, ese camino infernal por el que nadie quiere que pasen sus hijos.

Son años malos, complicados, con las hormonas revueltas; piensan que el mundo está en contra de ellos. Piensan que les queremos fastidiar, unos padres que daríamos la vida por ellos, que no dormimos ni comemos ni reímos, que nos olvidamos de vivir nuestra propia vida, a veces el mundo se nos para, quedamos paralizados.

Si tuviera que poner un nombre de canción a nuestra vida sería la de Julio Iglesias *Me olvidé de vivir*. Hoy en día, los muchachos saben lo bueno y lo malo, cuando se es joven ni se piensa en problemas y en sus consecuencias. Esos que son muchos y van bordeando la ley no piensan en las consecuencias ni en una posible muerte, eso es como que no va con ellos. Nadie es inmune a las enfermedades y la muerte y, ¿sabéis? Existen.

Quisiera y me gustaría ver el interior de vuestros corazones. Ahí está, en un rinconcito, lo mejor de vosotros y en todos hay algo bueno. Lo malo es cuando se junta un grupo de amigos, o dicho mejor, conocidos porque los amigos no incitan a maldades, delinquir y a llevar a sus colegas, como ellos los llaman, a ir por el camino infernal. Y no todos tienen los mismos pensamientos ni ideas, pero se dejan llevar por no ser menos o porque los acepten.

El camino del bien y del mal. Pasos derechos o pasos torcidos. Dolor, sufrimiento, miedos o tranquilidad y seguridad esa es la cuestión. Vosotros habríais podido no nacer, nosotros, los padres, os hemos querido traer a este mundo, pero no para que os fastidiéis la vida o se la fastidiéis a otras personas. Y esta es una rueda de unos padres, una lucha constante con unos hijos que trajeron a este mundo con todas las ilusiones y el amor más grande y que se han dejado la piel y los ojos hinchados de tanto llorar.

Cuando digo «chicos» me refiero también a chicas, los y las que andan por malos sitios. Los que salen de casa y se olvidan de quienes quedan dentro con el corazón encogido rezando. Olvidándose de los valores que desde pequeños les inculcaron, sobre todo el respeto por todos los seres humanos y no las peleas, robos, malos tratos, policía, detenciones, denuncias, malas influencias, etc. Todos fueron niños, unos niños buenos con sus papás, su familia, su cumpleaños con risas, en parques con sus amiguitos del colegio, viviendo unas navidades alegres, bonitas con la ilusión de los Reyes Magos.

Qué pena, si se pudiera dar marcha atrás la vida de muchos de ellos cambiaría. Seguro que muchos lo habrán pensado, pero nunca se puede retroceder, se puede parar y solamente dejar atrás lo vivido todo lo malo. ¿Y si se pudiera cambiar por un solo día? Padres e hijos, cambiar de lugar, ¿qué es lo que pasaría?, ¿cómo lo vivirían?, ¿aguantarían, pensarían, reaccionarían? Eso es soñar despierto porque es una quimera, nunca sería posible, no pasaría, ni nunca se sabrá pero sería otra forma de ver y poder arreglar las cosas.

La maldad, chicos, nunca es buena, siempre pasa factura. Yo he visto el miedo reflejado en sus caras. Oír llamar al timbre de la puerta y entrar en pánico. Hay tantos que quieren salir, pero la salida está cerrada. Es un círculo que quema, infernal, y quienes pueden enseñan la salida, pero no quieren que nadie salga del círculo.

Voy a poner un nombre: María. Ella era buena, cariñosa, quería mucho a su familia, sobre todo a su madre, que nunca se separaba de ella. Tuvo una niñez que, aunque fue corta, era feliz; pero a veces las circunstancias de los padres, de la vida y de las cosas..., esa felicidad se cortó de raíz. A María, por circunstancias, le cambió la vida, era una niña que empezaba la adolescencia y todo se le vino abajo. Era una niña que ya empezaba a sufrir. De ahí a las buenas compañías, las buenas y las malas empezaban a aparecer. Empezaban las salidas con sus miedos y ella, con un corazón grande y bueno, a toda esa gente que iba apareciendo en su vida, a toda fuera como fuera, la veía buena. Ella, que nunca se despegaba de su madre, la mala suerte hizo que eso cambiara, un hecho impactante lo precipitó. Su madre hacía lo que podía para que no se despistara por ahí, pero con las circunstancias que tenía no podía controlar cuando salía a la calle. Así que se juntaba con quien no debía, gente que si estás con ella solo tienes problemas. María vio su vida al revés, en muy poco tiempo sus esquemas se pusieron patas arriba. Fueron unos años de infarto, de intranquilidad, problemas, miedos, ¡mal vivir!

Y como ella, otras muchas chicas que, por circunstancias ajenas a ellas, cogieron caminos fangosos. Vidas rotas, niñas que se hicieron grandes antes de tiempo y dejaron su niñez perdida en algún lugar olvidado. Yo quisiera que esto llegara a todos, que leyeran, que escucharan, que lo entendieran, que reaccionaran. Que cogieran el camino recto, derecho, el bueno, ese del que nunca se tuvieron que desviar, pero al que siempre pueden reincorporarse para que sus familias no tengan que pasar por todo lo malo de ver a sus hijos con sus vidas truncadas. Sin estudiar, sin trabajar, por las calles, en una comisaría o en un juzgado. A los hijos que un día quisieron traer a esta vida y ni en sueños imaginarían lo que tendrían que vivir cuando siempre pensaron que serían los más felices de la tierra.

Jóvenes, ojalá algún día veáis la destrucción de vuestras vidas y la amargura de vuestras familias. Sé que es una quimera, sé que la vida no es eterna y se va un día, para qué sufrir y malvivir. A veces rechazamos, criticamos a los hijos ajenos y no nos paramos a pensar que de puertas afuera los perdemos de vista a todos.

No tenemos el control, hay que conseguir que el tesoro no se vuelva una baratija. Y ahí está el camino, el de la tranquilidad, la seguridad, el éxito y tal vez la felicidad. Siempre, pero siempre, hay atajos para salir del camino infernal, ese que hace sufrir, ese que hace llorar, el que no te deja dormir. Sal, busca tu bienestar, sal del camino torcido.

Todos, absolutamente todos, tenemos un corazón que late por igual. Y ahí, en un rincón está lo bueno, está escondido, solo tenéis que buscarlo y sacarlo a la luz. Eso es lo que tendríais que hacer para no quitarle la tranquilidad y la salud, y a algunos hasta la vida, a los mismos que os la dieron a vosotros.

La banda sonora del misterio de la vida tendría que ser de mil colores, de notas mágicas para que los jóvenes bailaran su vida en un mundo perfecto. Por suerte o desgracia todos tenemos que pasar esos años llenos de cordura y a veces de locura. Y mientras pasa el tiempo y van pasando los años, mientras que queda en el pasado la sinrazón de los años más conflictivos de un ser humano.

Todos estos sentimientos los he vivido yo y lo que escribo. Sé de lo que estoy hablando por experiencias propias o por haber sido testigo de gente que lo ha pasado mal no, lo siguiente. Y no saben qué hacer ni por dónde tirar ni entienden situaciones ni por qué esa sinrazón de vida que no saben cuándo puede terminar. Yo hablo en primera persona porque los padres siempre tendemos a ocultar las cosas que hacen nuestros hijos.

Yo también, desde temprana edad, he tenido que lidiar con una y, créeme, es una locura. Todo pasa por algo y sus comportamientos siempre se deben a algo, siempre hay un día, un motivo para empezar a andar por el torcido, el camino del infierno. Esto suele ser en la adolescencia, años locos que arrastran a la familia y que a pesar de no ver el final, un día llega. Con los años todo vuelve o suele volver a la normalidad.

Pero no siempre es así, a veces es como una enredadera, una rama se entrelaza con la otra y cada vez se enredan más. Pueden pasar los años, pasar de la adolescencia y llegar a la madurez con otros problemas, otros miedos y los problemas crecen. Por desgracia, esto pasa y es mucho el tiempo que los padres esperan, un día y otro, un año y otro, el tiempo pasa y esa serenidad, esa tranquilidad tan esperada sigue en el punto de partida. Y no son capaces los chavales de parar, no se cansan, no se alejan de quien puede hacer que sus vidas sean desgraciadas. Y a todo esto, que muchos ya no son tan jóvenes, ya las hormonas están quietecitas.

En mi caso aún perdura en el tiempo hasta el mismo momento que todo empezó. No se separaba de mí, desde que nació siempre colgada a mi cuello y luego cogida de la mano. Yo le crié, le di la misma educación y los mismos valores a la otra hija que aún me quedaba porque mi hijo ya no estaba. Y no será porque no le hablé siempre aconsejando, diciendo lo bueno y lo malo; a las dos lo hice como mejor pude.

Y la otra, que también tuve algún problema con el tiempo, ha reconocido todo, y a día de hoy, cuando habla se pone a llorar de ver todo lo que he pasado. Y hoy ella, que tiene hijos, dice que cómo puedo vivir con mi hijo muerto y cómo he podido tirar para adelante, que ella no podría. Sí, sí que podría, medio muerta en vida, pero más aún si te quedan más hijos como me pasó a mí.

Yo no disculpo a la que me dio tanto sufrimiento, pero ella no tuvo la culpa de las circunstancias que acontecieron todo. Todo fue ajeno a ellas, fueron las circunstancias y la mala suerte, ellas eran unas niñas y no deberían haber vivido hechos tan malos. Por eso digo que quién sabe esa juventud, los motivos que los llevarán a desviar sus vidas y empezar ese camino torcido, infernal.

En mi caso, a ella, a mí y a Paco, que entró en mi vida justo al principio. Yo ya estaba separada de su padre, recién separada, él se enamoró de otra y se fue, ellas se quedaron llorando pero para mí fue una liberación. Ellas vieron enfermo a su hermano, cómo murió y poco después irse su padre, pero sin mirar atrás enamorado y feliz empezando una nueva vida y olvidando que de quién se separó era de mí, no de sus hijas. Cuando empezaron los problemas, en alguna ocasión lo llamé y venía, le hablaba un rato y se iba a su casa. Y ahí nos quedábamos Paco y yo resolviendo los problemas en que la niña se iba metiendo.

Fueron años locos, yo no sé de dónde saqué las fuerzas, pero estaba como una leona. Me daba miedo cuando salía, siempre advirtiéndole, aconsejándole, detrás de ella «No vayas con este», «No hagas nada» y ella, su contestación era

«Sí, mamá, sí mamá, ya lo sé». Yo trabajaba y dejé de trabajar en una empresa porque estaba casi todo el día fuera y para poder controlarla me despedí y me puse a limpiar casas, que solo era por la mañana y tenía toda la tarde para estar en casa. Porque yo me iba a trabajar y me iba sufriendo y doliéndome el corazón.

A día de hoy no paramos, ha estado unos años en pareja, tiene dos hijos; pero maltratada todo el tiempo, ella ha aguantado por los niños, por no romper una familia como se rompió la suya. Pero al final se separó malamente con denuncias y orden de alejamiento, pero hecha polvo mentalmente.

Ella, desde que empezó a ir por donde no debía haber ido nunca, con la gente que ella siempre decía que era buena, desde entonces ha sido un sin parar. Su vida se deshizo en pedazos, en su cabeza había demasiado dolor y su corazón estaba hecho trizas, unas veces por sus amistades y otras veces por cómo la trataron, sobre todo el padre de sus hijos.

Yo lo entiendo todo, pero los años tienen que servir para algo, para ver la vida como es, difícil, pero bonita. Es difícil salir de ese mundo, pero hay ayuda, hace años era un tabú, pero hoy en día la sociedad ayuda porque piensan que no valen nada porque siempre se lo han dicho, que ni se arreglan, que se creen una mierda, una alfombra para poder pisarla.

Y otra cosa es que siempre estás pendiente para que no se enfaden, solo estás tranquila cuando duerme porque cuando despierta se levanta la bestia que no sabes por dónde va a salir.

Hoy día hay muchas redes sociales, que es un avance para muchas cosas; pero para otras ha sido un lastre y más cuando la mente no está sana, está herida. Y esas son en las que un día alguien le dijo que era guapa, le daba cariño y ella se fue enganchando. Cuando me enteré quién era, a mi sexto sentido no le gustó nada, me enfadé, pero al final pensé que si ella decía que era bueno con ella... Yo claudiqué, visto lo visto, yo lo único que quería era que de una vez tuviera suerte y la quisieran bien. Pero un día una persona me dice: «¿Tú sabes que tu hija se casa en cuatro días?». No puedo explicar lo que sentí, sin decirme nada, a su madre. Mis sentimientos hechos pedazos. No se conocían de mucho tiempo, para mí era una locura. Tenían una relación, pero no estaban juntos, se casaron y cada uno se fue a su sitio. Yo no me hubiera opuesto a que se casaran, pero no era el momento.

Yo ya no tengo ganas de luchar, estoy harta, llevo toda una vida cuidándola, protegiéndola, mintiendo, disculpándola y ya la hora de no saber las cosas ya pasó.

Ahora tiene a sus hijos, a los que ama y por los que tiene que seguir luchando, que es lo que está haciendo porque ellos no tienen la culpa de lo que hacen los mayores. Y sus vidas dan una vuelta, poniéndola del revés, sin ellos entender nada.

Mi hija, la que un día no se podía despegar de mí, deja atrás tanto dolor evitable... Hay padres que, durante mucho tiempo, sus hijos pasan de ellos, si lloran, si sufren, si viven o mueren. Están en un mundo en el que no les importa nada ni nadie. Esa es la realidad.

Es duro, ¿verdad? Por eso yo digo que hablo en primera persona, porque sé lo que digo. He llegado como madre a un punto donde no quiero seguir luchando después de tanto tiempo, ya soy más mayor y esas fuerzas que dije tener en tiempos pasados ahora ya están cansadas. A veces cuando hay muchas madres en cualquier sitio, en un parque por ejemplo, las ves con sus hijos, tranquilas, serenas y piensas en los tuyos cuando tenían esas edades, eran pequeños. A mí me entra mucha nostalgia, cuánto se añoran esos tiempos.

Algunas veces quisieras desaparecer ante la impotencia de no poder hacer nada, muchas veces lo piensas en momentos de desesperación, luego lo piensas y te vuelve la cordura porque tu sitio está aquí al pie del cañón. Es muy importante el apoyo de tu pareja para no estar sola o solo en esos años de adolescencia, la unión hace la fuerza. Yo he tenido a Paco, mi marido, en todo momento y cuando te derrumbas ahí está para levantarte. Porque los padres tenemos derecho a quejarnos y caernos cuando vemos y nos damos cuenta de que se nos van de las manos y aunque corramos tras ellos no podemos alcanzarlos.

Una de las cosas que más duele es cuando pasan de sus padres, de sus sentimientos; ellos viven su vida y no sé si son felices. Pero yo creo que no así, de esa forma no es posible, no se puede ser feliz a costa de los demás. No quieres acostarte, no quieres dormir por si llaman, por si tocan a la puerta, por miedo a todo. Antes era joven, ahora ya soy mayor y no tengo ganas de seguir luchando contracorriente. A los adolescentes siempre los he defendido, siempre pensé que era la edad y que pasarían las tormentas. Eso es lo que hoy tengo en mi vida, lo que nunca acabó, con la peculiaridad de que mi hija ya no es adolescente y yo no soy joven.

Ella es una de las que cogió el camino malo, torcido e infernal, ya sea sin ella querer buscarlo o por las circunstancias que se presentaron en su vida, que fueran muchas y malas. Su corazón es grande, es buena y ella, al igual que tantos, no tenía que haber pasado ese camino infernal. Nunca tenía que haber vivido tanto, no le tocaba. La vida se lo impuso a cada uno sin ellos haber podido reaccionar. Hasta hoy entendible, pero lo que no es normal es que con cada experiencia, cada tropiezo, cada problema no se vaya aprendiendo y se vaya corrigiendo todo lo malo que va pasando.

A la mayoría de las cosas, los jóvenes reaccionan, se arrepienten, se salen del camino torcido, cogen un atajo y se meten en el bueno, en el que no hay miedos ni oscuridad. Esto ha sido lo vivido y lo que otros padres han contado. No es ficticio, es la realidad, esto es y ha sido así. El camino infernal.

Ahora voy a hablar de la juventud que estudia o que trabaja, que les importan sus padres y sus sentimientos, que les dan alegrías y satisfacciones, que llevan una vida normal porque han cogido el buen camino. Yo conozco a muchos.

Por suerte para ellos y para sus padres, no les han dado ningún susto, nadie les perseguía y han tenido una adolescencia lo más natural posible. Esos niños que estudian, que prefieren hincar los codos en su habitación en vez de estar en la calle con amigos quizás divirtiéndose, que quizás lo hagan en cualquier rato, pero que no es la prioridad de sus días. Porque luego vendrán las recompensas por las horas y el tiempo que han estado sacrificando. O, quien sabe y lo hace disfrutando, devorando libros, llenando libretas y gastando bolígrafos. Qué bonito tiene que ser y qué orgullo para esos padres.

Me hubiera gustado haberme puesto en sus lugares a ver qué se siente, tiene que ser felicidad. Luego hay otros menos estudiosos, que se sacaron sus estudios básicos no han querido seguir, pero se han buscado un trabajo adaptado a sus edades sin importarle uno u otro. Esta juventud tiene las cosas muy claras: o estudias o trabajas, porque nada en esta vida te lo regalan, hay que ganárselo. Chicos listos que se preparan para tener un futuro mejor, que quieren estar el mayor tiempo posible con sus padres, hermanos, familia; que saben que el tiempo pasa deprisa y que no siempre estarán todos nuestros seres queridos.

Hay otra forma de vida sana, que quita los malos pensamientos, el aburrimiento y la soledad. Ese es el deporte en cualquiera de sus especialidades. Ayuda a los jóvenes a tener la mente ocupada y el cuerpo sano. Todos vemos en la calle o en la tele, el fútbol. Ese es el rey de los deportes, luego están los otros menos famosos, pero no menos importantes. Y entre esos está ese otro que es el baile en todas sus especialidades. Este es más divertido, pero no sale en la tele ni tiene repercusión mediática. Solamente en esos bailes de competición en los pabellones municipales cuando hay competiciones y luego, en los campeonatos. Un día será tan reconocido como los demás porque hay cientos de bailarines que dedican sus horas y su tiempo igual que en cualquier otro deporte sin subvenciones, sin ganancias monetarias, sus premios son copas y medallas. Y cada vestido, cada traje, cada accesorio, viaje, alojamiento, se lo costea cada bailarín y bailarina, y en muchos casos son sus padres y los padres de todos los menores.

Todos los deportes son buenos, a los chicos les gustan, están en un mundo sano ocupando un tiempo que si no estarían a lo mejor en la calle pensando en nada bueno. Yo conozco este, el del baile, y siempre digo que es el mejor dinero que unos padres pueden gastar. Sus hijos están ocupados y las horas que tienen libres después de sus estudios, cogen sus mochilas y se van a entrenar. Además de bailar, aprenden compañerismo, disciplina, quita el estrés y aprenden que unas veces se gana y otras se pierde; es importante saber ganar y perder. Y lo mejor de todo, mejora la salud física y mental.

He conocido chicos (cuando digo chicos también me refiero a chicas) con una educación exquisita, un saber estar, con la cabeza muy amueblada que saben lo que quieren y respetan a sus mayores. Conozco historias de superación de niños y jóvenes como cualquiera de vosotros y siempre con una sonrisa en la cara, con incapacidades y muchas limitaciones, pero siempre dando ejemplo a los jóvenes y mayores. A pesar de todo, ellos escogieron el camino bueno, derecho, que muy bien podían haberse ido hacia el otro, el chungo, por impotencia a la situación que tenían.

Hace unos años estuvimos en un *camping* en Las Palmeras, Les Palmeretes, estábamos en una caravana y allí nos pasamos tres o cuatro veranos. Hicimos amistades y allí la vida era fuera de la caravana, solo la teníamos para dormir. Estaba situada en mitad de la calle y al principio de la misma empezaba un sonido que se iba acercando. Yo conocía muy bien ese sonido, era una silla de ruedas motorizada y en ella venía un chaval de unos dieciséis años más o menos. Siempre traía una sonrisa en su cara, jamás lo vi serio, siempre iba alegre. Y lo que también tenía era muchos amigos. Me encantaba verlo calle arriba y calle abajo. Siempre saludaba y yo le cogí cariño. José era su nombre y él no podía andar, no podía correr, pero se movía por todas partes. Y para él su silla era sus pies pues esa silla siempre iba por el camino recto, el bueno. Para él no existía el aburrimiento ni le hacía falta ser un líder, hacer fechorías o hacer daño. Solo le importaba abrir cada mañana los ojos, ponerse en su silla y empezar un nuevo día. José, otro guerrero valiente conformándose con lo que tenía, lo más preciado, que era la vida.

Yo ahí, como tenía tanto tiempo, escribía
y hacía poesías por eso un día empecé
una para José que se la di y decía así:

Cuando estoy sentada
pensando o recordando
oigo un sonido
que viene de la calle de abajo.
A mí me gusta oírlo
porque viene José,
un chaval que he conocido,
simpático, agradable
y muy educado.
Siempre con la sonrisa en su cara,
jamás lo ves enfadado.
Cuánto deberíamos aprender
el resto de la humanidad,
a tener coraje por vivir,
a saber por la vida andar
o valorar la vida que tenemos

y hacerla agradable a los demás.
El dinero no todo lo compra
son más importantes las personas,
los sentimientos y los momentos.
Aunque no tengamos
alas para volar,
tenemos algo más importante
que se llama libertad para soñar,
para querer,
para aprender,
para ayudar
y para enseñar al mundo entero
que la vida es bonita.
Levantarse por la mañana,
ver salir el sol
y poder respirar.
Cuánto daría
alguna de la juventud
por tener la fuerza
que tienes tú,

sabiduría, humanidad
y sobre todo,
tus ganas de luchar.
Tienes muchos amigos,
qué buen amigo tienes que ser,
qué suerte tienen de tenerte.
Yo, como amigo,
también te quisiera tener.
Cuando veo a tus padres
pienso lo orgullosos
que estarán
y la suerte que tienen
de haber traído al mundo
a un hijo tan maravilloso
y tan especial.
Cuando estoy pensando
o recordando
pienso que
solo por haberte conocido
vale la pena

que yo a este camping
haya venido.

Fue un placer conocerlo, y un día ya no se oía ese ruido calle abajo, calle arriba. Ese día dejó su silla aparcada en su caravana y subió con sus piernas camino del cielo, andando, corriendo y sonriendo. José dejó esta vida y fue en busca de un mundo sin ataduras, pero dejando una huella de humanidad y enseñando y demostrando a otros chavales que sin andar puedes estar y dirigir tu camino por donde quieras sin desviarte hacia sitios tormentosos.

Ya han pasado muchos años, pero yo a ese chaval no puedo olvidarlo, veo su cara redondita, sus ojos negros que con solo mirarte te hablaban. Y como él, niños que con todas las dificultades que la naturaleza les puso dan ejemplo, son un referente y un modelo a seguir para todos los que se aburren y no saben qué hacer con sus vidas.

Hay una lacra en la sociedad: el *bullying* y el maltrato. Y estoy hablando de juventud. ¿Qué está pasando con nuestros hijos? ¿Qué les pasa por sus cabezas? ¿Para qué a compañeros de clase de su misma edad, de su mismo barrio, les pegan, los machacan, los acobardan hasta anularlos, o peor, hasta quitarse la vida? Eso es maldad. Y se divierten, se ríen, así se creen superiores.

Nadie puede disfrutar con la desgracia y el dolor de otras criaturas, eso es malicia que les sale, no alcanzo a entender lo que les aporta, ¿satisfacción?, ¿superioridad? o quizás encuentren felicidad. Nadie puede comprender que siendo malos llenen sus vidas y se sientan los amos.

Lo que sí sé es que algún día cuando pase el tiempo os vais a arrepentir, vais a querer olvidar ese pasado, vuestra mente va a querer borrar todo el daño que hicisteis. Unos fueron reparables, pero otros han sido irreparables por desgracia para ellos y para sus familias. Si se pudiera, si se volviera a nacer y se pudiera dar marcha atrás, cuántas cosas se evitarían, cuántos errores se corregirían, cuánto dolor se pararía.

Siempre hay un porqué para todo, pero para todo *bullying* no hay nada explicable con cordura. El maltrato físico y psíquico nunca es bueno, es malo y es feo, ningún ser humano o animal tendría que vivir eso; pero en niños en la adolescencia, por desgracia, es muy habitual.

Controlar no es amor,
espiar no es amor,
empujar no es amor,
insultar no es amor,
prohibir no es amor,
amenazar no es amor,
controlar el móvil no es amor,
dar un guantazo no es amor,
que te hagan un cardenal no es amor,
que no tengas amigas no es amor,
que no salgas sin él o ella no es amor.

Eso no es amor, chicos y chicas, por eso no se quiere más, eso es no querer. Si no hay respeto hoy, se acaba todo. Hay que respetar para que te respeten. Pegar es odio ya sea de unos o de otros, la mayoría del maltrato es hacia las mujeres, eso está demostrado, pero también hay hacia los hombres.

Cada persona es libre, nadie es dueño de nadie, hasta que eso se entienda van a confundir el amor con el desamor. Cuando se respeten mutuamente, cuando no se controle y se confíe, cuando se den besos en vez de guantazos y se abrace en vez de golpear, entonces eso será amor y querer sin condiciones. Habría que tener una asignatura en los colegios acerca del maltrato desde pequeños porque muchos lo que hacen es repetir el patrón de lo que han vivido en sus casas y tienen que saber que eso no es normal.

La vida, a la vez que es muy bonita, también tiene cosas malas y muchas dificultades en el día a día. También es corta, se pasa en un santiamén y cuando se tienen pocos años no se suele pensar. Algunas chicas, que no todas, salen en la tele y les preguntan sobre el tema y dicen que sí les controlan el móvil y que eso es porque las quieren. Que tengan el control de sus vidas, eso es porque las quieren, que eso no es maltrato, que eso es amor. Da miedo oír esto porque esto no es normal.

Hoy en día todo se sabe, lo bueno y lo malo, lo que está bien y lo que está mal. Antes, en mis tiempos, y yo hablo por mí, esas cosas yo pensaba que eran así, que la vida tenía muchas formas de querer y una era esa. A mí me pasó, pero de esto hace ya muchos años, que no había información ni ayuda y pensabas que era normal y tocaba aguantar. Pero hoy en día, con lo que se sabe y lo que se ve no hay que aguantar nada. Las chicas son muy listas y tienen que reaccionar, no aguantar.

La independencia, la libertad, las decisiones son derechos de cada persona. Cuando parimos a nuestros hijos, ya nacen con esos derechos y no se tienen que perder por nada ni nadie. Y sin olvidarnos de los chicos, ellos también son muchos los que sufren, viven y aguantan a controladoras y manipuladoras. Niños nobles que se enamoran de niñas malotas que quieren el control de sus vidas sin importarles que se separen de sus familias, amigos, les convencen de que los quieren más que a nadie.

Nunca he dicho que el maltrato psicológico, porque así se llama, sea solo hacia las chicas, es también hacia los chicos. Cada vez hay más maltrato físico y psicológico, no sé qué está pasando. Hay mucha información en los medios, en la familia hay apoyo, ayuda en la sociedad. Y unos padres que casi siempre lo ven, que quieren hablar, dialogar, intentar que vean la realidad, pero casi siempre se dan contra un muro. Solo les queda esperar a que la sensatez aparezca y rompan un vínculo vicioso y contaminado que nunca les hará felices.

No sé si yo sería capaz de escribir un libro ficticio inventado, una historia no vivida. Yo creo que no podría inventar algo que no conozco, por eso le tengo mucho respeto a los escritores. Tienen mucho mérito y un don de escribir algo que engancha a la gente a leer y que les mete en la historia. Libros que ayudan a la gente a evadirse de su vida cotidiana. Yo he leído muchísimo cuando era pequeña, pero eran tebeos; esa época fue muy feliz para mí.

Paradójicamente ahora no suelo leer, quizás por las circunstancias diarias, pero cuando entro en una librería soy feliz. Me encanta, me pasaría allí horas leyendo los títulos; ese hubiera sido mi trabajo perfecto, quizás en otra vida, quién sabe. Y quizás en otra vida podría tener el don y la inteligencia de saber escribir y quién sabe si podría ser escritora.

Vamos a soñar un poco que no cuesta nada. Volamos en los sueños aunque sea estando despiertos. Pero, afortunadamente o desgraciadamente, lo que yo escribo sin ser escritora son vivencias realizadas, nada es inventado.

Y vuelvo a donde empezó el camino bueno y el camino infernal. Yo, cuando era niña, siempre he considerado que fui buena, yo iba andando por el buen camino, sabía lo que era bueno y malo. Mi niñez fue bonita y mi mentalidad menos avanzada que la que hoy tienen las chicas, y más viviendo en un pueblo y hace ya años. Pero un día me desvié de ese camino tan bonito y tranquilo y cogí el atajo, el que iba a marcar mi vida y que yo creía que era el correcto. Y por enamorarme y no obedecer los consejos de mi madre, ahí empezó a cambiar el rumbo de mi destino.

Los padres no somos perfectos, también nos equivocamos, no somos perfectos, la perfección no existe. Y una cosa es verdad, muchas veces hubiéramos querido haberlo hecho y no haber tenido razón en muchas cosas. Dicen que todos los caminos llevan a Roma, pero, para el bueno, solo hay uno del que no tendría que salirse nadie.

Hay quienes cogen un móvil y mientras, otros muelen a palos a niños y jóvenes de su edad solo por diversión, disfrutan sin tan siquiera pestañear ni remover ni un ápice ningún remordimiento. Y ni siquiera por una pelea ni haber cruzado una palabra, son mentes retorcidas que no saben lo que son los valores humanos. Luego lo suben a las redes, maldad absoluta, para enseñar lo valientes que

son con personas como ellas, pero in-
defensas. Ilusos, si luego os van a coger
por tanto mal que hacéis. A veces les
pasan tantas cosas, viven cosas que no
tenían que vivir, tienen que lidiar con un
pasado, un presente y no saben si habrá un futuro.

Llega un día que se ven en un espejo y
ven que ha pasado el tiempo y no se re-
conocen, pero ni por fuera ni por dentro.
Entonces ven por dónde han caminado
y es cuando ven la senda andada y es
cuando la ven que está torcida y llena
de piedras en el camino. Que mientras
iban andando las saltaban y seguían
hasta caer en un hoyo negro infernal.
Sabían y seguían sin parar a pensar que
se podía echar el freno.

Qué bonita es la vida, cuántos colores tiene y qué suerte poder respirar el aire, ese que no se ve y sin el que no podríamos vivir. Cuando somos pequeños soñamos con ser mayores, qué ignorantes y qué ingenuos, pero eso es la inocencia. Pensamos que la vida de mayores es lo mejor, estamos deseando que llegue, que es cuando se puede hacer lo que uno quiere sin normas de entradas ni salidas.

Pero la realidad es que hay tanto tiempo para ser adulto y cuando nos damos cuenta lo que conlleva, a veces nos gustaría retroceder, pero ya es tarde. El tiempo no regresa, la niñez se queda en el pasado y en nuestra memoria. Hoy guardamos los recuerdos más bonitos y en los que no hay lugar para la maldad.

Solo había tiempo para juegos, ir al colegio, veranos inolvidables, y navidades llenas de ilusión y especialmente familiares.

De tanto querer ser mayores nuestra infancia vuela, se pasa en un santiamén y es cuando se empieza la aventura de ser adultos, poco a poco, pero pasando primero y absolutamente todos por el tiempo de la adolescencia. Y como la vida es un aprendizaje, eso se hace a base de darnos con la pared, tropezar, caer y volver a levantarnos, equivocarnos y meter la pata alguna vez. Soy partidaria de ayudar, escuchar y estar ahí para levantar cuando se caigan nuestros hijos, cuando tropiecen y se vuelvan a caer. Eso forma parte del aprendizaje de pasar de la niñez a ser mayor, lo que tanto se desea cuando, posiblemente, ser niños es la etapa mejor de la vida, la más maravillosa.

Pero todo tiene límite, ser hijo no da derecho a hacer sufrir a los padres, a machacarlos por el mero hecho de haberlos traído al mundo. En las familias, en los hogares hay varios hijos y todos son criados y educados de la misma forma, las mismas costumbres, los mismos colegios. Entonces cómo y por qué, al menos uno, elije otro camino. Claro está que cada uno tiene una pluralidad, otras ideas, otros pensamientos, hasta ahí es lógico y comprensible. Lo malo es cuando cogen caminos distintos, opuestos. Camino bueno, recto, derecho o camino del infierno.

Yo voy a hablar un poco de mí, yo nací en otra época muy distinta, eran otros tiempos, en mi casa había mucho respeto hacia los padres y hacia todo el mundo en general. Siempre ha habido choque de generaciones y yo, por supuesto, lo tuve en el momento que me eché novio. Luego, siendo ya madre ya cambiaron las tornas, eran otros problemas, otros que yo no había vivido ni conocido. Yo siempre respeté horarios, había reglas que para mí no suponían ningún problema, yo me conformaba con lo que había. Estaba muy a gusto en mi casa, me gustaba, yo no era de salir.

Mi hijo, que fue el primero, era un niño noble que más que hacer chiquilladas, lo que hacía era estar siempre muy activo. Todo lo preguntaba, era muy payasete y guasón, era un niño bueno y a quien podía ayudar lo hacía, no quería ver mal a nadie. Y ya con quince años, empezando su adolescencia, fue cuando enfermó y poco después murió. No me dio ningún disgusto, no le dio tiempo; pero pongo la mano en el fuego y no me quemo, que con él no hubiera tenido disgustos y estando él, muchas cosas no me hubieran pasado. Pero también digo que ojalá me los hubiera dado porque significaría que estaría aquí.

Me quedaban mis dos hijas y ellas fueron las que hicieron que tirara para delante. Dos hijas que en plena adolescencia, con una diferencia de tres años, siempre iban juntas e hicieran lo que hicieran se tapaban la una y la otra. La mayor pasó por etapas malas, tuvo algún tropiezo como buena adolescente, alguna preocupación y disgusto. Pero ahí estábamos Paco y yo siempre al pie del cañón para lo bueno y lo malo. Luego estaba mi tormento hasta el de día de hoy, ella metida en tormentas que no le pertenecían. Ella ya nació con prisas, ya se hizo de notar porque por poco la tengo de pie, casi no me da tiempo a ponerme en una cama. Así era ella y así sigue siendo.

Ella, buena niña con un buen corazón, tenía muchos amigos y amigas del cole y del barrio que la querían. Y poco a poco fue conociendo a otras malas compañías, arrimándose a ellas y dejando a un lado a las de toda la vida desde el cole. Ella no veía el mal y siempre estaba con líos al estar donde no debía, en el sitio equivocado, con la gente equivocada, de rebote se metía en la mierda. Y nosotros detrás, es lo que me queda, que nunca la dejé. Cogió el camino malo, el del sufrimiento y el miedo; miedo ella y miedo nosotros porque decía que todos eran buenos, que la vida los había tratado mal y a quien le trató mal la vida fue a ella.

Yo deseaba que pasara el tiempo, que pasaran los años locos de la adolescencia porque por más que le dijera, por más que la controlara, era inútil. A veces los padres tenemos la culpa porque en nuestras vidas, que no van bien, aguantamos porque los hijos son pequeños; por ellos. Y eso es el mayor error porque en su infancia no tienen que vivir cosas que solo le corresponden a sus padres. Y eso a ellas luego les pasa factura.

Fueron años muy duros, tormentosos, años de infarto, de una adolescencia infernal. Siendo una niña buena que por todo lo vivido, un mal día toda su vida se torció.

Hay juventud que desaparece y no vuelve a aparecer, eso tiene que ser horroroso, desesperante. Algunos, algún día después de mucho tiempo lo hacen, pero otros no lo hacen nunca y a día de hoy suele suceder.

Qué agonía acostarse y ver la cama vacía de algún hijo, que ni ves ni oyes su voz, ni besas. Y que no sabes dónde están, si comen, si duermen, si tienen un techo en la noche, una cama, si están vivos o están muertos. O quizás que se los lleven en contra de su voluntad robados, arrancados de su familia, quién sabe para qué. Dios mío, no sé que será peor si que aparezcan muertos o que no se sepa de ellos porque siempre queda la esperanza de que están con vida. Qué dolor de padres que se acuestan y se levantan sin ellos pensando dónde estarán y cómo estarán, mirando a la puerta por si los ven entrar. Y al final, cuando pasa el tiempo, pasan los días, pasan los años, solo queda la esperanza, tristemente, y un milagro.

Cuántas formas de sufrir hay, cuántas formas de vivir, cuántas formas de morir. Cada nacimiento es una alegría, son momentos de felicidad que pensamos que eso será para toda la vida, pero no siempre es así. Los mejores años son en la niñez siempre que no haya enfermedades. Esos años se viven tranquilos, disfrutando de los hijos, de sus juegos y su inocencia. Pero qué pronto pasa el tiempo y esos niños crecen y las cosas cambian; para unos será el tiempo, en cambio para otros empezarán sentimentalmente.

Yo pienso lo que ya he ido contando, que hay que estar con ellos y ayudarles a pasar esa etapa: sus dudas, sus problemas y sus tropiezos. Pero hay una línea que no se puede permitir, hay límites que no se pueden traspasar por mucho que les hayamos parido, todo tiene un límite y los padres tienen amor propio y dignidad.

Los padres no somos felpudos para que ninguno nos pisotee, no podemos tolerar insultos, desprecios y que nos hablen como si fuéramos una mierda, sin respeto. Palabras que se nos clavan en el corazón y lo parten por la mitad. Padres sí, pero no mártires. Aguantamos días y años para ver si todo cambia, si pasa la adolescencia, las locuras y la sinrazón. Las lágrimas de una madre no tienen precio, pero cada una es una perla perdida.

Cuando son mayores de edad y ya mayores en el tiempo, poco se puede hacer ya, mandan en sus vidas y cuando deciden dejar atrás a padres, familia y amigos, ya poco se puede hacer. Si es cuando empieza todo, años atrás, que ya nos podíamos pegar a su sombra y no valió de nada... Era luchar contracorriente.

Yo he perdido años de mi vida tratando de enderezar un árbol que, siendo como un junco, se iba torciendo. Yo trataba de enderezar y se volvía a torcer; ella lo volvía a torcer. Que no salía de la espiral de la que estaba aún saliendo e ignoraba las consecuencias. Ella fue una niña buena, a mí me quería con locura, nunca se separaba de mí y ya siendo mayor decía que el día que yo muriera, ella moriría detrás. Hoy en día eso se le ha borrado de la mente, ya no se acuerda de nada.

Ella de mayor era consciente de lo que yo había hecho y había sufrido y que nunca la dejé a sus suerte. Ha tenido una vida mala por ella a veces, pero otras veces por problemas ajenos a ella que no buscó y le llegaron sin buscarlos. Pero ya los años de las hormonas pasaron, los años locos de desenfreno, de no pensar en las circunstancias que pueden acarrear tanto dolor. A veces los padres consiguen a base de entender que no se puede luchar eternamente porque, por suerte o por desgracia, un día nos vamos a morir todos, aquí no se queda nadie. Y ya a base de palos en el alma te vas aguantando, conformando y soportando que hay que vivir sin un hijo.

Es duro, duele y siempre están ahí en la mente, pero qué pena que tengas que vivir sin ellos. Mi hijo se fue sin querer, aferrándose a la vida y a su familia, él no pudo elegir ni el camino bueno ni el malo. Él elegía la vida a la muerte y luchó y luchó echándole un pulso; pero la muerte le ganó la batalla, no sin antes luchar como un guerrero. Y, ¿sabes que siento más cerca a mi hijo de mí que a mi hija? Me siento más protegida por él, porque la hija que me ha tocado está muy lejos a pesar de estar cerca. He visto a niños y adolescentes arañando los días, recreándose en cada instante, saboreando la vida; y he visto a muy pocos llorar. He visto a muchos reír, sonreír, contagiar a todos ilusión, esperanza, esas ganas de vivir que muchas veces creemos no tener y fuerza para seguir tirando para adelante, coraje.

Esos chavales nos dan una lección de coraje y se la dan a quienes se preocupan por hacer el mal por aburrimiento o simplemente por hacer daño. Es muy fácil pasar de lo bueno a lo malo, en cambio, es tan difícil pasar de lo malo a lo bueno, eso cuesta y hay que poner mucha fuerza de voluntad y querer, claro está.

Voy a contar una historia para todos los padres que la muerte se llevó a sus hijos y no podemos alcanzar a entender por qué tuvieron que partir de la tierra y de nuestro lado a una edad que no les pertenecía. Yo no me imagino la causa, pienso sin obtener ninguna respuesta, pues eso no se puede saber. ¿Por qué razón quiere a seres de luz con nobleza, niños y jóvenes especiales con almas limpias blancas inmaculadas? ¿Por qué son elegidos de Dios?

Hace muy pocos años Dios mandó un día crear unas criaturas para que viniesen a la tierra. Un angelito le preguntó:

—¿Qué misión les vas a encomendar Señor?

Y Dios le contestó:

—En su paso por la tierra enseñarán a la gente todo el amor que cabe en los corazones, a ser honestos y leales, enseñarán el valor de la vida y la aceptación de la muerte. Darán ejemplo de valor, predicarán con su ejemplo, la inocencia, la bondad, el amor hacia los demás. El ángel le dijo:

—Señor, pero tardarán mucho tiempo en acabar su misión, los cabellos se volverán blancos, en su cara aparecerá el tiempo. Y Dios le respondió:

—No temas por su larga ausencia que su trabajo muy pronto concluirá porque sin haber llegado a la tierra ya han empezado a limpiar almas que están oscuras y necesitan un guía para que se puedan salvar. Unos niños serán cuando entren en el reino de Dios, pero tan grande será su trabajo realizado, a tantas personas habrán enriquecido espiritualmente, que dejarán una huella tan grande en el mundo vivido que los recordarán eternamente.

—Pero, Padre, entonces también dejarán tristeza en toda la gente que los conoció y a sus padres terrenales se les romperá el corazón.

—Sí, pero, es tanto el amor que les dejarán que vivirán del alimento de su cariño.

—Escucha, Señor, oigo clarines y trompetas, las estrellitas iluminan el camino. Las nubes bailando llegan, llegó la hora, hijos de la vida, bienvenidos a la gloria, descansad de vuestro peregrinar por la vida, bendita vuestra alma sea. Cuánto amor repartisteis por el mundo por ser unas almas tan bellas.

Y esta es la historia de unos niños hermosos, especiales y valientes que un día llegaron a la tierra y un día se marcharon de ella. Estos chavales se fueron demasiado pronto sin disfrutar de este mundo en que vivimos. No tuvieron opción, no les dio tiempo a coger un camino porque ya tenían preparado. El destino ya lo tenían escrito.

Cómo hacer ver a los chavales y chavalas que no merece la pena pasarlo mal. El mundo es maravilloso, a pesar de todo lo que no se puede evitar, pero en vuestras manos está. Solo vosotros podéis cambiar el rumbo y os aseguro que se puede. Solo tenéis que querer porque por mucho que se os diga, pensáis que os queremos fastidiar la vida. Y nada más lejos de la realidad, fijaos lo que os digo, los padres quizás sean en vuestras vidas las mismas personas que nunca os harían daño y los que se alegran de vuestros éxitos y sufren con vuestros fracasos.

Desde que nacemos iniciamos un viaje a lo primero, vivimos sin tener conocimiento, nuestros padres nos tienen que dar de comer porque si no moriríamos de hambre. Nos tienen que limpiar, quitarnos los mocos, cargar con nosotros hasta que nos enseñan a andar. Y esto, después de habernos llevado en su vientre nueve meses a veces con náuseas, vómitos, las piernas hinchadas y el cuerpo que parece que vaya a reventar. A pesar de todo eso, sienten una ilusión tan grande que lo aguantan todo, noches sin dormir, días interminables esperando la llegada más deseada de sus vidas. Y cuando ese momento llega se te pasa todo, solo piensas que ha merecido la pena todo lo que has pasado. Un niño es una bendición, la alegría de una casa, la personita que se agarra a ti, con la que se siente protegido, a salvo, seguro.

Depende de ti, de sus padres, las personas por las que está en la vida. Te enseñan su vida en colores, todo un mundo de ilusión, un mundo lleno de imaginación e inocencia, que nunca deberían perder. No entienden de odio ni rencores, con la sonrisa de sus caritas son todo corazón y un alma pura y blanca que con mirarte te lo dice todo. Son nuestra vida desde que salen a la luz. Qué pronto pasa el tiempo, las manecillas del reloj jamás paran y los años pasan. Los niños crecen, ¿en qué momento cambian los sentimientos, las ideas?

Está claro que no todos podemos pensar, sentir y hacer lo mismo porque entonces todos seríamos autómatas o robots. Pero todos los del buen camino y los del malo, todos fueron niños inocentes sin malicia y familiares. Los padres no tenemos descanso cuando son bebés, cuando son pequeños, pero bendito cansancio. Nos quitamos de muchas cosas por ellos y solo queremos que no les falte de nada, sin pensar que no siempre sería así, que la vida cambiaría, que nunca volvería a ser igual.

Un día saldrán a la calle sin nosotros y ahí fuera no los podremos proteger. Serán ellos los que se defiendan y aprendan ante la vida. Ahí encontrarán un mundo bonito lleno de sitios espectaculares en donde poder disfrutar de las maravillas que tenemos en la vida. Solo hay que buscarlas y agarrarse a ellas con los valores y la educación que se han recibido porque también hay un mundo malo y temible del que hay que salir corriendo como alma que lleva el diablo.

Hay personas que piensan que es producto de la educación que los padres dan y nada más lejos de la realidad. En muchas ocasiones hay varios hermanos: dos, tres, cinco... y nada tiene que ver la vida de unos y otros. Y todos han recibido la misma educación por los mismos padres, entonces, ¿dónde está el problema? Los padres no entienden qué pasa o en qué fallaron, pero si fuera cuestión de fallos, entonces todos serían igual.

Nosotros, nuestra vida es como una montaña rusa, unas veces estamos arriba y estamos fuertes, luchadores, atravesamos montañas si hace falta y decimos: «Un día todo parará». Pero cuando estamos abajo nos derrumbamos, todo lo vemos negro, que no tiene fin, nuestro cuerpo no tiene fuerzas ni ganas de seguir luchando.

Y es que el tiempo pasa y la montaña rusa no para de dar vueltas, no se cansa, no se agota, no tiene pilas, siempre arriba y abajo. Mientras que desperdiciamos el tiempo queriendo arreglar cada día la vida de nuestros hijos, no nos damos cuenta o no queremos ver que nuestros bebés, nuestros niños, los que siempre estaban a nuestro lado, los que nos cogían de la mano y se escondían detrás de nuestras faldas para sentirse protegidos, ya son adultos, ya pasaron la niñez, ya son adolescentes que se creen autosuficientes para ir por la vida. Son muchas las vivencias compartidas que suenan en el corazón al recordarlas.

Y el mundo sigue, vuelven a nacer niños, vuelven a hacerse adolescentes, volverán los conflictos y siempre será así, el mundo no para, el tiempo no se detiene.

Juventud, divino tesoro. La salud es el elixir de la vida, chicos, con estas dos cosas la vida sería perfecta. Pero como la perfección no existe, hay que buscar los elementos necesarios para poder saltar los precipicios que encuentres en el camino. Tenéis que luchar por una existencia bonita, quizás sea difícil, pero nada es imposible.

Y, ¿sabéis que tenéis algo muy valioso? La fuerza de vuestro corazón. Sabéis que tenéis a vuestros padres que siempre están incondicionalmente, aunque se enfaden, os riñan u os castiguen. Vosotros los vais a ver como a unos enemigos que os quieren fastidiar la vida, que no os entienden, que pasan de vosotros, pero nada más lejos de la realidad. Ellos son y siempre serán los que siempre van a estar, ni amigos ni colegas que en un momento dado desaparecen de la faz de la tierra. Somos mortales, desde el minuto uno de nacer ya estamos predestinados a morir.

La inmortalidad no existe y eso no lo tenemos asumido ni estamos preparados. Vinimos como si la vida no acabara nunca. Así vinimos los mayores, pasando los días sin pensar en lo que está predestinado. Los jóvenes son ajenos, conocen la vida pero no piensan en la muerte, como que la muerte no va con ellos, que eso les pasa a los demás. Y está demostrado, por desgracia, que hay mucha gente que muere por ley de vida, de viejecitos. Pero la muerte no respeta edades ni clases sociales, a niños, jóvenes, a todos se lleva por delante.

Con esto quiero decir que no sabemos cuándo nos llegará la hora; por qué sufrir tanto pudiendo evitar tanto. En algunos países gastan millones, muchos millones, en subir a la luna o en buscar otros mundos. Yo seré una ignorante, pero no sé por qué no lo entiendo, qué más da si hay o hubo vida en otros planetas. Ese dinero, que se emplee en investigar, en descubrir fármacos que salven vidas. Aquí en este mundo en donde está la humanidad, que nuestros jóvenes no sufran, no mueran sin haber vivido, eso es lo que importa. Es mucho el dinero gastado en una sinrazón que no llega a ningún sitio. Que los padres lo único que queremos es que investiguen con ese dinero que mandan para arriba. Hay que sacar dinero para la investigación de las enfermedades y casi siempre somos nosotros, los ciudadanos, los que luchamos con rifas, conciertos, pidiendo dinero de boca en boca. Y siempre damos los que menos tenemos con la ilusión y la esperanza de poder encontrar soluciones para nuestros niños, nuestros jóvenes, para darles vida.

Nacemos, crecemos, nos reproducimos y morimos; ese tendría que ser el orden, pero no siempre este orden es así. Nada de lo que escribo es inventado, todo son experiencias propias o vivencias cercanas. Por desgracia, pasan más de lo que deberían, es la realidad en la vida de nuestros jóvenes. Cuando los niños son pequeños solo queremos que crezcan porque estamos atados a ellos. Casi siempre pasamos el día detrás de ellos, ordenando y ellos desordenando, dedicándoles nuestras horas y todo nuestro tiempo.

Recuerdo a quienes ya los tenían mayores, que me decían: «Si ahora es lo mejor, te los llevas a todas partes, están en casa a la hora de cenar, de dormir. Llegará un día cuando se hagan mayores, entonces tendrás la casa ordenada, cada cosa en su sitio, tú vas a estar más descansada. En cambio quién sabrá dónde estarán, con quién y te faltará el aire». Qué razón tenían, cómo me acuerdo de esas palabras. Ahora está todo ordenado, cada cosa en su sitio, pero las camas están vacías. Yo volvería atrás sin dudarlo ni un momento a esos días de lluvia en mi pueblo.

Antes llovía mucho y había días que no íbamos al cole, qué feliz estaba con mi madre y sus hermanos, sentados en la mesa con el brasero calentitos pintando o haciendo algo. Me viene el recuerdo..., lo que a mí me gustaba estar en casa. En cambio hoy si pudiesen, muchos de ellos estarían en la calle, llueva o truene. Por eso, como ha cambiado tanto la vida, hoy en día, en días tormentosos ni están en casa ni los puedes proteger. Dicen que es ley de vida, que ya vuelan solos y yo lo sé, pero el cuento cambia. Ya no hay Caperucita, aparecen los lobos, ni cuentos de princesas ni palacios.

En la realidad de la vida a mí me da mucha nostalgia de los tiempos pasados con sus pros y sus contras. Y ahí es donde cogen sus caminos, el bueno o el malo, la buena gente o la gente conflictiva. Camino recto, camino infernal.

Para muchas familias empieza una vida de sufrimiento, miedo, de querer cambiar el rumbo, algo que a veces es una quimera, un deseo tan difícil de conseguir como a veces imposible. Hay una vida dulce que todos deberíamos tener y devorarla, y hay otra vida de mierda que lo que hace es hundirnos en ella. A veces se empieza por un juego en el que no se ve el peligro. Es una edad muy mala en la que cualquier niña cree controlar la situación, chicos más mayores que tienen más experiencia de vida y saben cómo enamorarlas y llevárselas a su terreno. Y ellas, que creen saber todo, empiezan por saltarse las reglas y su propia dignidad.

Un día algunas reaccionan y ven la situación queriendo dar un paso atrás, pero resulta que están atrapadas entre miedos y amenazas. Dejan pasar los días y se meten cada vez más en la boca del lobo, otras se hacen a esa vida y siguen con quienes no se quieren ni ellos mismos. Ese es el gran error de sus vidas, siguen a quienes dicen quererlas más que nadie en este mundo.

También hay chavales buenos, nobles, que han seguido las reglas que todos deberían seguir, sus estudios, su familia, sus aficiones, hasta que un día se topan con chavalas que juegan a ser malotas. Y estos chicos, que las ven fuertes y sin reglas, se enamoran de ellas porque ellos no conocen esa vida ni esa forma de ser y a lo mejor ni sabían que existía. Y como la vida de estas chicas es la que viven, pues también quieren arrastrarlos con ellas. Y egoístamente, los separan de una vida sino perfecta, sí ideal. Les meten en un mundo que no les pertenece y en el que ellos se sienten idolatrados; dejan atrás todo lo que habían conseguido siendo legales.

Con el tiempo hay quienes reaccionan y se dan cuenta de que eso no es lo quieren en sus vidas y otros no abren los ojos y se dejan llevar. Nunca me cansaré de decir que la vida es corta, que no somos eternos, que la juventud es más lista que en mi época, que sabéis el bien y el mal.

Y qué bonita es la vida, es la maravilla del mundo si se sigue el camino que los padres hemos enseñado a nuestros hijos desde que eran bebés, pasando por la niñez hasta llegar a la adolescencia. Nunca ni una madre ni un padre pueden hablar de los hijos ajenos porque los nuestros les pueden tapar la boca.

Desde el momento que nos dicen que estamos embarazadas, desde ese momento, ya la vida nos cambia. Ya hay dos corazones latiendo en nuestro cuerpo, les dejamos sitio para que su cuerpo crezca, ya pensamos más en ellos que en nosotras, nuestra máxima preocupación es que estén y todo vaya bien.

Nos olvidamos de la figura y estamos contentas cuando empezáis a crecer en nuestro vientre y nosotras empezamos a engordar. Esa es la pura realidad, que desde antes de nacer, sin verlos, ya los queremos más que a nuestra vida, dando nuestra sangre por vosotros.

Imaginaos, chavales, lo que es vuestra existencia, lo que es y significa ser madre, poner nuestro cuerpo y arriesgar nuestra salud con todo el amor del mundo. Los hijos no piden nacer, somos nosotros, los padres, los que les queremos traer. Antes de que vean la luz, alumbramos su camino; ya los protegemos antes de nacer.

Les damos cariño,
les damos educación,
disfrutamos siendo unos niños

y pensamos que así
siempre va a ser.
Sangre de nuestra sangre,
nuestro sufrimiento
es nuestro dolor,
las penas que tengáis en el alma
son penas compartidas,
sufridas por todos.
¿Por qué la vida es tan difícil?
¿En qué momento cambió todo?
¿Cuándo se acabaron los juegos?
¿En qué momento te soltaste de la mano,
saliste a la calle y tu vida cambió?
Dime, niño guapo,
dime, niña mimosa,
¿en qué minuto sucedió?
Que no se os olvide nunca
que en vuestra casa
está vuestro hogar.
Aunque vuestra vida esté cambiando

en esas cuatro paredes
siempre os estamos esperando.
La ventana está abierta,
la cortina se ha desgastado
de mirar la calle de abajo.
Los minutos pasan,
las horas van pasando
y cuando por fin llegáis
y por la puerta entráis
cerramos con la llave,
respiramos y la paz encontramos.
Hasta el día en que muramos,
estéis en casa o estéis lejos
siempre a la ventana
cada día nos asomamos.
Tengáis diez años,
treinta o cuarenta
no importaba, hijos de nuestra vida,
saber que estáis bien es comparable a
ser feliz.

Después de lo contado llega un día y ves que todo lo que has luchado, que todo lo que has llorado, cada lágrima derramada no ha valido para nada. Después de años protegiendo a tus hijos de los infiernos, los padres también se han quemado. Y ese día no dejas de querer a tus hijos, ese amor perdura en el tiempo hasta la muerte. A veces, de tanto dolor sí que ponemos en el corazón una coraza muy dura que es muy difícil de quitar. Y a ellos quieres olvidar porque en el corazón ya no cabe tanto dolor. No quieres saber en qué está, cómo está, que te hablen de las decisiones o el camino que quieren seguir.

Es duro, es trágico decir esto, pero es que son ellos o somos nosotros, cuando ya no hay remedio, cuando se agotan las fuerzas, es nuestra salud y nuestro amor propio. Ningún hijo tiene que gritar ni a su madre ni a su padre. Cuando le gritas a tu madre que no se meta en tu vida, recuerda que esa vida la tienes porque ella te la dio aun a costa de la suya. Me duele el alma decir todo esto, pero esto es después de pasar años protegiendo, aconsejando, enseñando a vivir, estando a su lado, ayudando, empujando hacia el camino correcto.

Y a todo esto, otra cosa que duele mucho es saber que tienen un corazón grande, que los padres lo conocemos y sabemos que los sentimientos en el fondo no son malos, que lo dan todo. Da rabia pensar que las cosas malas pueden ser buenas, que lo malo no trae nada bueno. Ahora ves a los niños jugar en los parques y piensas: «Dios mío, qué inocencia, qué camino cogerán el día de mañana». Y ves a las madres y también a los padres, y a mí me da tristeza porque esos momentos se acabaron. Unos tirarán para un lado, otros irán en dirección contraria, así será porque es ley de vida: nacer y crecer. Y yo, que veo como ellos cuando los míos eran chicos, siento mucha nostalgia, mucha.

Hay momentos y días en que piensas si yo podría haber cambiado el rumbo, si me he equivocado, en qué, cuándo, si lo hubiera evitado... preguntas que nunca encontraré. Otras veces pienso que lo di todo, luché contracorriente, contra todo y mi vida se quedó atrás en pausa. Solo quieres que corra el tiempo para dejar todo atrás, las hormonas revueltas, la adolescencia maldita para muchos. Pero no para todos, mucha juventud escapa a todo lo malo afortunadamente.

Sé que muchos padres lo han pasado, lo están pasando o lo van a pasar y ellos no pudieron parar la andadura de sus hijos ni las tragedias que había en sus casas. Hoy en día se sigue con los mismos problemas porque los caminos están ahí, siempre existen y los jóvenes siguen caminando; muchos por el malo, y otros a la orilla saltando y esquivando, y sin saber cuál elegir o por dónde tirar. Mentirle a una madre es muy fácil, pero a la vez muy difícil.

Las madres tenemos un sexto sentido e intuimos y sospechamos que algo no va bien. Y en nuestra desesperación vamos detrás de vosotros pisando el fango, mirando al miedo de frente, sintiendo temores, pasando y atravesando caminos peligrosos paso a paso sin importarnos las consecuencias y sin pensar en los infiernos de los caminos; pero por más que os persigamos, nunca llegamos a vosotros.

Es como en los sueños, que vas a coger algo y nunca llegas. Afortunadamente pasa y sigue pasando y veo jóvenes maravillosos y pienso lo bonito que es dormir tranquilos, ellos y su familia. Son la cara y la cruz de las personas de la humanidad del mundo entero.

Sonreír o llorar,
paz o intranquilidad,
alegrías o tristezas,

son códigos de nuestra existencia.
Vivir soñando recuerdos bonitos
y amargos
que se alojan en el corazón,
se pegan a la piel de tu cuerpo,
te hacen daño, dan dolor.
Tú ríes ante la vida,
engañas a la razón,
engañas a los pensamientos,
juegas con los sentimientos.
Dios mío, recuerdos
amargos son.
Canto a la vida,
al mundo, a mi gente y a quien me quiera
a mí
Porque la vida es muy cortita para
hacernos daño
llorar, amargarnos y sufrir.
Sueños rotos en la noche,
niños aún en la oscuridad,

muñequitos perdidos en la melancolía,
la tristeza y la ansiedad.

Cuando mis hijas estaban en la adolescencia recuerdo que no tenía tranquilidad ni trabajando ni hablando. Yo en el trabajo veía a mis compañeras hablar, reír, contar cosas de sus hijos, cosas normales de los que van dando los pasos correctos con sus estudios, sus amigos, sus anécdotas normales, serenamente; todo como tiene que ser. Yo lo que hacía era tener en el estómago, no mariposas, era como si tuviera un bicho dando vueltas, removiendo, machacándome, arañándome las entrañas y lo único que quería era que pasara el tiempo para poder irme. Lo que yo pensaba era que ojalá yo pudiera estar así, qué alegría era poder trabajar sin ninguna preocupación, por lo menos no tan amarga.

Hay otra cosa, que no es para nada problema, pero que para muchos padres es una desgracia o un drama. Lo tuvieron, lo tienen y lo tendrán sin duda alguna y es que sus hijos sean gais o lesbianas, y de esto no tienen la culpa los jóvenes. Esto es un problema de los padres. Si vieran la vida desde mi lado verían la suerte que tienen, ya hubiera dado yo todo porque eso me hubiera pasado a mí. Los padres que piensan así lo ven como una tragedia, para mí hubiera sido una bendición.

Ojalá mi hijo lo hubiera sido, sería buena señal porque estaría aquí y hubiera sido un orgullo porque pienso que son buenos sin maldad de hacer daño a sus madres y las tratan con mucho cariño. El amor da igual entre personas del mismo sexo o de sexos diferentes por el amor de Dios es normal y a nadie debe importarle ni criticar.

Chicos, chicas, en esta sociedad que ya ha avanzado mucho aún quedan mentes prehistóricas, pero vivid vuestra vida, reíd, bailad, cantad, pasead, respirad juntos la libertad de cada ser humano. Mujer contra mujer, vivid vuestras historias de amor con orgullo y aires libres. Yo veo mucho respeto y mucha educación, yo no conozco malos tratos como estoy viendo tanto entre hombres y mujeres.

Diferentes acciones, diferentes decisiones, saber qué puerta abrir y qué puerta cerrar, qué camino coger y cuál debemos dejar. Situaciones que, una vez que se empieza la aventura de la vida, no se pueden ver las consecuencias ni pensar qué es lo mejor; se sigue sin parar y nunca se acaba el sinsabor de muchos adolescentes y de todo lo que conlleva detrás. Cada ser humano tiene su historia, historias dulces, amargas, buenas, malas; siempre será así. Soy consciente de que hay historias muy malas, aún peores, con más penas y sufrimiento, pero a cada uno le duele, padece y se centra en la suya.

Cuando yo era joven, una niña en mi pueblo, (eran otros tiempos ya muy lejanos y los seres humanos han cambiado a marchas forzadas) no se tenían estos problemas que hay hoy por los nuevos tiempos, tan preocupantes. Siempre ha habido, pero ahora el mundo se ha puesto al revés. Ahora los chavales cuando cumplen dieciocho años ya son mayores, se sienten adultos y lo primero que dicen es: «Ya soy mayor de edad, no puedes prohibirme y controlarme». Vamos, que los niños, porque son unos niños de diecisiete a dieciocho, en un día ya van por libre y se sienten mayores, pues error, y grande, porque siguen siendo niños.

Muchos, ya antes de esa mayoría de edad, eran responsables maduros, pero otros muchos ni con cuarenta años maduran. Y esos son los que la cagan haciendo lo que no deben y sin escuchar a nadie, antes se dan contra la pared cien veces que aceptar sus errores. Ya puede pasar el tiempo, ya puede haber ayudas, información, que la juventud sigue cada uno con su camino de destrucción. Ignoran a la familia, amigos, profesionales que les quieren sacar de ese nido de tinieblas.

Yo he estado con un parón de un año por motivos de enfermedad y sin ganas de coger papel y lápiz. Es curioso, pero cuando ves tu salud minada aún entiendes más lo que se pierden haciendo su vida, que una vez metidos no pueden escapar sin ayuda y sin querer. Cuando ves la muerte muy cerca sientes rabia porque la muerte no respeta edad y ellos no lo ven. Niños buenos sin experiencia alguna se inician en un mundo de adultos y que a algunos los pasos los llevan hacia un laberinto en el que no encuentran la salida, y sí que la hay.

Siempre hay solución hasta con coger la mano de quien te la quiera dar, enganchándose a ella con fuerza y salir a la luz. Qué bonita es la vida, la que se elije para vivirla dentro de unas normas, respetando a padres, hermanos, amigos, vecinos y, lo más importante, a uno mismo. El bien y el mal.

Entre estas dos palabras solo hay un hilito muy fino, ¿cuál es más bonita?, vosotros que sois inteligentes tenéis que saber elegir. Hablo de lo que conozco, directa o indirectamente, de jóvenes.

Pero en los últimos tiempos hay gente adulta con conductas inapropiadas que son un flaco favor para los jóvenes porque son un mal ejemplo que ellos no tienen que seguir. Este libro es expresamente para los jóvenes, los que cogieron el camino fácil, los que andan sin volver la vista atrás pensando que son los más guais, los amos. Cuántos chicos y chicas hay haciendo una vida normal, la que corresponde por derecho, por ley, por humanidad.

Personalmente, observo mucho cuando veo a una madre con sus hijos de compras, tomándose un helado, paseando o hablando. Observo, miro y me da alegría y yo misma me pongo contenta. Qué bonito, salen, entran en sus casas sin temores, tranquilamente, ellos y sus padres. ¿Por qué llega un día que eso tan normal desaparece y lo que sí aparecen son amistades peligrosas que nunca son nada buenas? Las compañías, qué importantes son, igual que la libertad, que siempre es buena, pero la libertad auténtica, la bonita. Estas palabras me salen desde el fondo del corazón, me duele el alma y lo escribo desde las entrañas de una madre.

A lo largo de mi vida he visto auténticos hijos e hijas que su único deseo era ver felices a sus padres, jóvenes que valoran el esfuerzo, el trabajo y el sacrificio que es traer un hijo al mundo. En el mundo hay muchos caminos y uno de ellos es la gratitud hacia unos padres que los trajeron a la vida y, sobre todo, a las madres que los llevaron en su cuerpo y en su alma y cuidaron de que todo fuera bien sin pensar en ellos como así sucedía en tiempos pasados cuando las mujeres no iban ni a revisiones y a la hora de parir no iban a un hospital, parían en casa a expensas de que todo fuera bien, parían como los animales, sin medicamentos y a veces solas. Ese era el motivo por el que morían muchas. Hoy en día hay hospitales, médicos, medicamentos, epidural para no tener dolor, pero con todo eso es un ser que sale del cuerpo de otro ser.

Esto tendrían que verlo muchos y muchas, que los niños no los hace la cigüeña, que nadie nace volando, que a las madres se les abren las carnes para que todos nazcamos y vosotros no sois distintos. Nacemos con dolor pero llenos de amor, y luego para que digáis: «Yo ya tengo dieciocho años, no mandas en mí». Edad bonita pero muy cruel.

Cualquier madre que esté pasando o haya pasado por un tormento con los hijos que un día abrazaban y lloraban abrazándolos de alegría, son los mismos que lloran de pena por los hijos que se les escapan de las manos y a los que echan tanto de menos. Jóvenes que un día fueron niños, queridos, mimados, que iban cogidos de la mano, protegidos, a salvo o en brazos de mamá.

Todos los caminos llegan a Roma, vayas por donde vayas y tires por donde tires, pero siempre se puede dar media vuelta. Tenemos tantos sentimientos que a lo largo de la vida algunos se van quedando en el camino, nos vamos desprendiendo de ellos conforme vamos caminando. Algunos por desilusiones, desamores, conflictos, penas, pero los únicos que nunca ni se olvidan ni se pierden, son los sentimientos que se tienen por los hijos. Esos, mientras vivas, están en nuestro corazón, en el alma, por mucho que hagan, aunque desaparezcan de nuestras vidas por su propia elección.

Muchas veces, en muchas situaciones, cuando no se pueden controlar, cuando el camino infernal los arrastra como si fueran muñecos sin corazón, ahí están los que les dieron la vida, esperando el milagro de que un día recapaciten y se den cuenta de la sinrazón de sus vidas. Unas vidas que tenían que haber ido como la vida de tantos otros, sin miedos, sin problemas y sin tanto dolor para sus familias, pero sobre todo, para ellos mismos.

Hay un hecho, o mejor dicho, una desgracia, que empezó el 29 de octubre de

2024 en Valencia. La gota fría o dana, como se conocen. Cayeron tantos litros de agua en una hora que se desbordó por un lado el río Magro y su crecida fue un auténtico tsunami que bajó por el barranco del Poyo. Se llevó todos los coches que iba cogiendo, se llevó a personas, hubo más de doscientos muertos, entró en todas las casas, en todas las plantas bajas de muchos pueblos. Todo se lo llevó el agua y lo que no, todo inundado, inservible, garajes inundados, coches amontonados en las calles, una auténtica catástrofe nunca antes vista. Y vengo a decirlo por la importancia y sus consecuencias.

Valencia llora por tanta devastación, los valencianos y el coraje de vivir después de ver la muerte tan cerca, a la vez con el alma rota. Lloran por perderlo todo, tiran lo que queda de sus casas a la calle. Héroes con el corazón roto sacan fuerzas desde su dolor, pero no estaban solos. España entera se ha volcado con Valencia mandando toneladas de ayuda. Cada pueblo, cada ciudad, cada rincón mandó camiones llenos de todo comida o utensilios para limpiar.

Valencia está en deuda con todos los españoles y con gente que vive aquí y no lo son. Las casas llenas de barro, los negocios en la ruina. Era como el apocalipsis, la gente no podía salir a la calle, los coches estaban bloqueando las calles que a la vez estaban llenas de barro. Y ahora tengo que decir que yo jamás había visto a tantos jóvenes juntos y aquí solo había un camino y todos iban en la misma dirección. Andaban kilómetros con palas, agua, escobas y con botas de agua, y muchos sin ellas. Tenían que pasar por un puente que le pusieron el Puente de la solidaridad, y todos iban a lo mismo, a ayudar a las personas porque no había manos suficientes para quitar tanto barro. Y ahí estaban todos a una, todos los jóvenes en ese puente dirección a la destrucción. Era un hormiguero, impresionaba verlos en ese camino de la humanidad, directos al barro todo el día, todos los días durante muchos.

Yo les quiero dar un aplauso a la juventud por lo que han demostrado, han sido unos héroes cuyas medallas han sido barro y fango que por más que quitaban no se acababan. También, aparte de Valencia, han venido desde todos los puntos de España, de todas las edades, pero especialmente jóvenes los que más. Han demostrado sus sentimientos, sus corazones, y me consta que han sido los que iban por la carretera y los que iban por la vereda.

Por eso digo que, aunque se coja el camino equivocado, hay un corazón enorme a veces escondido por las circunstancias de cada uno. Pero cuando menos lo esperas, sacan lo mejor de ellos. Ni nadie es tan malo ni nadie es tan bueno porque está el alma en medio. Por eso los padres suelen decir: «Si eran unos niños buenos y normales...», y es verdad, ningún niño es malo, será travieso o inquieto, pero nunca con maldad. Gracias a Dios que muchos cuando sean padres intentarán que sus hijos no cometan los mismos errores que cometieron ellos.

Pero no siempre eso es así, dado lo vivido, por más consejos y más encima estés, cuando se suelten de la mano y salgan a la vida, ahí se van encontrar un mundo nuevo que van a experimentar. Y yo creo que los más vulnerables son los que van a tirar por donde otros les digan, a base de engaño y promesas, por esos caminos que tanto les van a hacer sufrir. No importa el dinero si a costa de él no se es feliz, no hay tranquilidad ni serenidad. Jóvenes, el dinero es necesario para vivir, pero no para malvivir; historias hirientes, turbias, de miedo... El dinero fácil y rápido, eso no suele suceder si no es porque te toque la lotería.

Hay que trabajar, quizás sea menos dinero, quizás te cueste ganarlo, quizás te canses; pero cuando al final te pagan lo que has ganado, ese se disfruta, ese es legal, ese es tuyo ganado honradamente y tienes toda la tranquilidad del mundo. La juventud tendría que ser los años más bonitos y en los que no debería haber problemas porque luego la vida ya se encargara de que no falten.

Y es en esta edad cuando más suele haber, aunque no a todos, claro; yo siempre hablo por experiencias. No todas las historias son iguales, gracias a Dios, ni los jóvenes ni los padres ni los amigos. Por eso hay que cuidar a los hijos, pero los hijos también tienen que cuidar a sus padres y distinguir amigos de conocidos y extraños.

El cambio climático es un fenómeno que está padeciendo toda la humanidad, el mundo se viene abajo, viene un desastre detrás de otro. Ya no hay estaciones del año, ahora en invierno hace calor y en verano, tormentas y lluvias. Ya no hay ni entretiempo ni primavera ni otoño ni da tiempo a sacar la ropa de cada temporada, del frío pasamos al calor. El glaciar se derrite, ahora hay danas que destruyen los pueblos y todo lo que pasa por su camino, fuegos incontrolables que cada vez destruyen más el monte y los árboles, el pulmón de la tierra. Pues eso, son fenómenos incontrolables de la naturaleza, pero que muchos se podrían evitar.

Pues eso pasa con los humanos, cuántos males podrían evitar. Yo creo que con el cambio climático también hemos cambiado todos, vamos ligados a la tierra. Y cómo no, los jóvenes, a veces, el mundo lo viven del revés, primero lo malo y después lo malo y se olvidan de vivir las cosas buenas que hay en la vida. Ojalá no se dejaran la piel en el camino. Pierden tantas oportunidades de hacer tantas cosas...

Qué pena porque tenemos solo una vida. Y lo malo de ella es que no es muy larga, los años pasan muy deprisa y nos iremos sin haber experimentado olores y sabores terrenales. Un camino de piedras cristalinas en el que en cada paso se va quedando un trocito de piel hasta que un día andas y lo que dejas es tu alma al desnudo. Porque siempre hay quien te arrastra hasta llegar a arenas movedizas y sabéis que de ahí es muy difícil salir sin una mano amiga, sin tu familia. Pero para eso hay que pedir ayuda, hay que sacar la bandera blanca y decir: «Basta». Y mientras todo eso pasa, ahí están las mamás y los papás esperando una llamada que, a veces, nunca llegará. Años locos para todos, una locura evitable que no tiene fin.

Ojalá estuviera escribiendo algo ficticio, ya me gustaría hacerlo, pero se basa todo en hechos reales, en lo que está pasando hoy en día en tantas familias, en tantas casas. Hay quienes ya lo pasaron, hay quien ahora lo estará pasando y ojalá que nadie lo volviera a pasar nunca más. Nunca se puede decir: «Yo nunca jamás haría esto ni lo consentiría».

La vida da muchas vueltas y te pone en situaciones al límite. Nadie que tenga hijos o nietos puede hablar de los hijos de nadie porque de puertas para afuera no sabemos cuándo van o vienen, hacen o dejan de hacer. Ya no tenemos control sobre ellos, pero hay que dejarlos hacer sus vidas siempre confiando. Dios mío, llegará el día en el que nunca ningún padre ni ninguna madre tenga que pasar por los infiernos detrás de sus hijos tratando de pararles. Hay muchas chicas que se quedan embarazadas siendo aún unas niñas a pesar de los muchos medios que hay para que no ocurra.

Antes, cuando esto ocurría sus padres las echaban de casa o las escondían para que no las vieran porque era una vergüenza para la familia. Eso era antes, pero hoy en día eso es un problema que ya no tienen que temer. Tienen a sus madres que las protegen y las ayudan, eso es lo normal. Pero aún hay muchas que se van de casa, ayudadas y engañadas por los que quieren separarlos de su entorno.

No todos son iguales, pero hay muchas que se han equivocado de persona para tener un hijo y vivir con ellos. Ellas, enamoradas e ilusionadas, los siguen hacia una vida de mentira y falsedad. Muchas aguantan sufriendo su error, pero no volverán a sus casas, unas veces por miedo, otras por estar enganchadas a sus carceleros y así pueden pasar años aguantando. A pesar de todo piensan que las quieren y esa situación de control es normal. Mientras sus padres, que tienen un sexto sentido, o no ven nada de ellos o ven lo que está pasando y no pueden hacer nada porque no quieren o ya no pueden. Se han acostumbrado a malos tratos, el miedo paraliza y no pueden salir. Las amenazan con matarlas y en algunos casos lo consiguen.

Ahí están las cifras del ultimo año y de años anteriores. Aquí en esta ocasión se ha juntado el camino infernal con el recto, pero el infierno ha podido con el bueno. Y otra vez están los padres penando y sufriendo desde que sale el sol hasta que se esconde y aparece la luna. Y así es como suelen pasar los días, malviviendo por jóvenes con problemas que arrastran a otros por ese camino hiriente, espinoso, lleno de espinas. Hay un camino de rosas que suelen atravesar los afortunados, los que tienen más suerte, los que se lo han ganado a pulso soportando el bien y el mal.

Eso es lo que corresponde, tendría que ser en general toda la juventud viviéndola bonita. El sol tiene que salir para todos, padres e hijos. Los nubarrones, tienen que salir cuando toca en días lluviosos. Dios creó el mundo, tendría que haber sido perfecto, sin enfermedades, sin adiós, envidias, rencores, malicia, maldad. Los jóvenes más coherentes saben quererse padres e hijos, vivir el tiempo que estemos en este mundo en paz. Para qué tanto sufrimiento si estamos de paso, la vida no es eterna y vuela, bueno, volamos nosotros que no somos inmortales. Pero eso no se suele pensar, pensamos que nosotros siempre viviremos, y nada más lejos de la realidad.

Las madres traen a sus hijos a la vida como seres humanos y racionales. Los cuidan, protegen, educan y los preparan para salir a vivir sus vidas porque es ley de vida. Pero en ese trayecto se cruzan tantas cosas; nada es como se planea. Somos portadoras nueve meses de que lleguen a este mundo con la obligación de cuidarlos, pero ellos no nos pertenecen, no somos sus dueños. Tienen su propia personalidad que les pertenecerá a ellos vivirla. Pero eso no les da el derecho de hacerles daño a las personas que les trajeron a la luz de la vida. Los jóvenes que no aprendieron la lección ni los consejos ni supieron limpiar las lágrimas de los ojos de sus madres ni evitarles pena y tristeza, esos son los que un día se dejarán llevar por fáciles caminos de infierno con falsas promesas, con sueños fáciles de cumplir que luego de lo que era y a lo que a día de hoy es...

Son vidas vacías, con futuros inciertos, que esperan a que les llegue el dinero fácil un día tras otro a base de robarlo, vender droga, estafar... Y hay tantas formas de hacer daño, qué necesidad de tanta miseria, malvivir para luego morir. Podrán vivir a lo mejor un tiempo o quizás mucho haciendo todo eso, pero llega un día en que eso pasa porque va contra la ley. Llegará un día que los cogerán, los encerrarán en una cárcel y ahí no hay vida normal, es estar entre cuatro paredes.

Ahí hay mucho tiempo para pensar en el pasado en el presente y en el futuro. Ahí se acaban esos pensamientos que tuvieron equivocadamente o no, algunos se revelarán aún más. Pero aun estando arrepentidos y sabiendo que ya no quieren esa vida, aunque se quiten de muchos problemas, lo hecho ya hecho está, pasarán a lo mejor años encerrados sin vida, la juventud perdida.

Pero sus padres seguirán en el mundo oscuro de la tristeza, ahora ver a sus hijos en una cárcel, a los que les toque vivir esto estarán muertos en vida. Vivirán menos años porque todo pasa factura y el cuerpo llega un momento que se da por vencido sin poder seguir luchando. Duele decirlo pero no siempre es la felicidad tener hijos, otras veces es un castigo, otros un sinvivir y otros morir en vida. Triste, pero real como la vida misma, no es ficción. Habrá padres que no conozcan todos estos sinsabores amargos, qué alegría de corazón llevar una vida normal sin sobresaltos ni problemas cada día.

Enhorabuena a esos jóvenes que no se dejan influir por otros que van en contra de la vida. A mí, personalmente, me parece raro ver tanta normalidad: padres hablando con sus hijos, hijos pidiéndoles opinión o metiéndose en sus cuartos a estudiar hincando los codos o, en otros casos, yendo a trabajar. Y esas madres que conversan con sus hijos, salen a pasear, se van a comprar o a comer, les dan cariño abrazándolas y dándoles un beso.

Qué bonito, yo lo veo y me digo, bueno, no me digo nada, solo que me entra en el cuerpo algo parecido a cuando eres y estás feliz. Están sanos de cuerpo y mente, no han tenido enfermedades graves ni muertes de esas que salen y duelen en las entrañas. Ojalá sirviera para que algún chaval o chavala lo leyera y viera las consecuencias de los actos y de los caminos a seguir.

Quisiera que no hubiera el desamor que tienen muchos hijos hacia sus padres. En algún momento, en algún lugar, quizás en otro tiempo se consiga convivir padres e hijos unidos en las mismas ideas: cariño, amor y respeto. Que aprendan de sus padres, de sus vivencias a su edad, de las experiencias, de sus tropiezos, de sus aciertos. De esa experiencia que dan los años, porque hay que pasar por donde vosotros estáis ahora hasta llegar a la sabiduría de sus consejos, esos que tratan de hablarnos las madres para que no se sufra y casi siempre no se escucha.

Muchos tratáis a vuestros padres con poco respeto, como si ellos fueran vuestros enemigos, y pensáis que lo que quieren es para fastidiaros la vida. Ellos son los que nunca os harán daño, los que siempre, aunque estén enfadados, van a estar en lo bueno y en lo malo. No lo olvidéis, es un vínculo inquebrantable, salvo en raras ocasiones que es tu vida o la suya. Ahí hay que elegir vivir o morir.

Cuando no elijes es en una enfermedad, ahí das tu vida sin pestañear a cambio de la de tus hijos. A veces te dejas llevar por sentimientos negativos, y aunque siempre estás al pie del cañón, fuerte, luchando, hay días que las fuerzas se agotan y quieres tirar la toalla como si de un combate se tratara. Pero lo que te hace seguir y no dejarlos, aunque sea en la distancia, es el amor, y eso tiene mucha fuerza; aunque hay días y momentos que sí lo harías porque es luchar contracorriente, y en estos casos todos salen perjudicados.

Quiero recordar que es lo más grande que unos padres y, sobre todo las madres, pueden tener en el mundo sin duda alguna. Que es el dolor más grande que se puede sentir, ya se vayan, ya te griten y te odien, ya enfermen o se vayan de este mundo en una caja de madera.

Siempre, pero siempre, hasta después de muertos, sigues sufriendo y queriéndoles cada día más. Nunca se olvidan, al revés, siempre están en la mente a cada paso, en cada cosa que hagas, en cada sitio que habites. Si quieren en vida y si quieren después de muertos, valorarán todo lo que tenéis, a quién tenéis, los que os quieren no merecen tanto dolor, la vida ya te da por todos lados.

Reflexionad, mirad a lo lejos, mirad los caminos, ya veréis unos muy rectos y otros torcidos. Si podéis, andad por ellos, por los dos, ya veréis la diferencia. Vosotros vivid la juventud bonita y hacedles la vida agradable a las personas que más os quieren y os van a ayudar en la vida: vuestros padres y la madre que os ha traído a esta vida.

Hay muchas mujeres que por decisión propia no quieren tener hijos y yo las entiendo y las apoyo porque es su elección, son sus derechos. Porque quieren y se sienten realizadas, y otras, viéndose a su alrededor unas veces en la familia o en gente cercana. Pero mucha gente no entiende que una vez casados y pasado un tiempo no vengan los niños, y empiezan a preguntar: «¿No te quedas embarazada?». Les extraña y es que es como una obligación, es lo que ha sido toda la vida. Matrimonio, embarazo y niño, ese era el orden, sino era algo raro.

Los tiempos cambian y cada vez hay más parejas que toman esa decisión y son igualmente felices, pero con menos problemas y más vida para ellos. Todos los caminos son malos si tú escoges esos, pero hay un detonante de los más peligrosos que empieza poco a poco, gradualmente, casi siempre estando de diversión. Primero el alcohol para ir animando la noche o el día, da igual; luego, un porrito entre colegas, que dicen que sienta muy bien; a continuación, esas pastillas que no recetan los médicos, pero que dicen que son muy buenas para el cuerpo y la mente. Y creo que de ahí se pasa, porque todo esto ya debe de quedar y saber a poco, a la heroína, que creo, por lo que dicen, que son unos chutes que son la hostia, que eres feliz, todo se ve alucinante y es como vivir en el paraíso.

Esto es lo que cuentan estos chavales que dicen que ellos controlan. Señor del amor hermoso, se están quitando la vida poco a poco. Cuántos han muerto ya, es un despropósito. Es una enfermedad terminal que, aunque se den cuenta alguna vez de lucidez, no pueden quitarse ni parar. ¿Qué será? Bueno, es droga, la palabra lo dice, pero qué poder tendrá, qué les meterá para saber que van a morir y no poder cortar.

Cómo cambian sus cabezas que le roban a sus padres, hasta les pegan si no quieren darles dinero. Y toda ayuda es poca y es mucha la que les dan, pero llega un día que los propios padres los echan de casa y no les abren la puerta, los denuncian y no saben qué hacer porque sus vidas corren peligro. Se trata de no querer ayudarles más porque un día los matarían. No serían los primeros padres que sus hijos los matan.

Chicos, leed todas estas atrocidades, reaccionad, poneos en marcha, buscad alternativas, haced deporte, el que sea, eso hará que queráis seguir un buen camino. Hay tantos motivos para cambiar vuestras mentes y ponerse en marcha. El cuerpo empieza a reaccionar y cada vez os gustará más y, sobre todo, es muy sano para cuerpo y mente.

No todos siguen en el infierno, con el tiempo salen muchos. Yo he visto en la tele a hijos salir para decir todo lo que han hecho y el daño que han causado, pidiéndoles perdón a sus padres por el sufrimiento causado. Qué bonito y qué ejemplo para todos pedirle perdón a sus padres arrepintiéndose y diciendo: «Estábamos en otro mundo, no nos importaban ni las lágrimas de nuestra madre.

Y hoy los que lloramos somos nosotros por todo el mal ocasionado».

Ojalá se arreglara un poco el mundo, que se está rompiendo en pedazos. Y ojalá hubiera una buena relación entre padres e hijos, la vida son cuatro días, todos nos vamos a ir, no nos hagamos más daño. Disfrutad del día y de la noche, de un amanecer y de un atardecer, del sol. Miremos las estrellas, ese fenómeno de la naturaleza tan bonito, un cielo negro que brilla. Tiremos todos por ese camino, sí, ese que estás viendo derechito, ese es. El otro es el infierno del demonio malvado y maldito que solo busca almas buenas para destruir el mundo.

En la escuela se aprende y hay exámenes que muchos cuando no estudian tratan de copiar. Pues en la vida diaria pasa lo mismo, no vale copiar porque todos somos diferentes y al final la nota que tengamos dependerá de lo que hayamos vivido, si lo hemos hecho bien o lo hemos hecho mal. La vida es dura, por eso, chicos, debéis tener unas fuerzas que el tiempo y el viento no puedan con toda la debilidad que todos tenéis. La vida no es fácil en el mundo, cuesta cada vez más vivirla, pero tiene que ser vivida.

Es como los caballitos de la feria que suben, bajan, se paran, vuelven a subir otros; pues eso pasa en la realidad, la vida no es uniforme y cuando pensamos que estamos en el infierno, de pronto volvemos a subir.

El cielo, la tierra, el mar, Valencia, Madrid, Córdoba y todas las demás ciudades. Cuánta belleza hay en este planeta, qué bonita es la vida. Decidme cuántos momentos nos perdemos por estar vagando sin rumbo fijo, encima de que por el camino nos vamos perdiendo tantas cosas y tantas vivencias. Son nuestros chicos y chicas, nuestros jóvenes, vuestros hijos, los que están ahí fuera dirigiendo sus vidas. Nosotros mientras, somos nuevos espectadores que ven los éxitos y fracasos, unas veces mordiéndonos la lengua y otras gritando de impotencia porque no se puede cambiar a nadie si ellos no quieren, hablándoles o sin hablar, para ellos eso es una nueva estrategia, una forma de hacerles chantaje para que ellos hagan lo que los padres quieren.

Y, señor mío, qué es lo que queremos, pues que todo les vaya muy bien, lo mejor para ellos. Qué necesidad tenéis, juventud divina, que para pasarlo bien tengáis que beber, que no es malo si fuera con moderación y sabiendo el límite. Y no hablo en general porque hay chavales con la cabeza encima de los hombros. De qué os vale emborracharos, que no sabéis ni lo que hacéis ni lo que decís, no disfrutáis, os destruís poco a poco la mente y el hígado.

Todo sale, no penséis que siempre va a ser así, el cuerpo pasa factura. Cuando estáis bebidos no razonáis, eso sí, se os va la vergüenza, pero lo que decís son tonterías sin fundamento. Estáis deseando que lleguen los días en que os vais a poner hasta el culo de alcohol. Y no tenéis bastante con esto, que tenéis las drogas, esas también van para dentro del cuerpo. Qué guais os sentís, qué felices tenéis que ser para meteros ese veneno, y lo malo es que lo sabéis, hace años no se conocían sus efectos y sus consecuencias, pero hoy no tenéis disculpa alguna.

Cuántos jóvenes se habrán muerto a lo largo del tiempo desde que empezaron a salir. Yo no tengo ni idea, pero sé que son muchos, muchísimos. La juventud se ha quedado en el camino sin una vida que vivir. Asomaos a un cementerio y cantad, id cantando todos los que hay metidos en un agujero. Y qué pena que vuestros padres tengan que ir a poneros flores, algo que se podía haber evitado.

Qué dolor de padres, pero, sobre todo, de todos los que están ahí metidos. Pero siempre hay solución, hay gente dispuesta a ayudaros, ya sea con el alcohol, las drogas, cualquier otra adicción. Hay especialistas y podéis tener otra oportunidad porque están ahí esperando a que lleguéis. No sera fácil quitar una adicción, nadie lo ha dicho, pero es posible, muchos lo han conseguido y se han salvado de morir o vivir en las calles.

Porque llega un día que si no queréis, os vais a encontrar solos sin familia ni amigos. ¿Dónde están los amigos esos que se iban de fiesta con vosotros? No están, desaparecen, no eran amigos y confiabais más en ellos que en vuestra familia. Y sí que tenéis amigos, pero cuando os metisteis en esos mundos de oscuridad, cuando os hablaban y os decían: «Por ahí no», vosotros no les hacíais caso. Entonces, ellos no tuvieron otra opción que retirarse porque no se iban a arrastrar a las mierdas que vosotros teníais. Esos eran amigos, los otros eran colegas de fiesta y desenfreno.

Todo alcohol y droga afecta al cerebro, hay quien se queda atrapado en la mente para el resto de sus días. No pueden formar una familia, no pueden hacer una vida normal, una como la que ellos tuvieron de pequeños. Cuando yo veo gente entre cartones durmiendo con frío, lluvia, solos o solas, me entra en el estómago un dolor que en lo primero que pienso es en sus padres porque para llegar a esa situación ellos ya lo habrán intentado todo y son casos perdidos.

Qué dolor esa juventud en la calle cuando han tenido una infancia más o menos feliz, pero con su familia, con un plato para comer, una cama para dormir, una estufa para calentarse. Y yo los veo tumbados en los bancos de los parques o con una botella de vino en la mano. Muchos dicen que no quieren salir de ese mundo, pero es porque su cerebro ya no está bien, nadie en esas circunstancias lo está mentalmente.

También hay quien se ve en esas circunstancias por perder una casa, un trabajo, pero estos acaban un día retomando sus vidas.

La música, el baile, algo tan bonito y tan alegre para mí no existía, era tristeza, como que iba a pasar algo. Se quiere estar encerrada en casa, aguardar lo malo, estar preparada para lo que viniera, siempre esperando. Tienes miedo hasta de reír, eso les pasa a los padres de estos chicos, eso sienten, así viven. La vida es dura, no es fácil, siempre hay que luchar para conseguir sueños, metas, tratar de avanzar, nunca retroceder.

Adolescentes, tenéis la vida por delante, el mundo es vuestro, gestionad vuestros sentimientos, vuestros pasos que sean firmes. Recordad esos caminos, no cojáis el malo, tirad por el otro, en el que vais a vivir esa edad tan bonita que tenéis y que pasan pronto los años. Disfrutad de todo lo que hay a vuestro alcance. Quered, respetad, amad, mimad, cuidad a vuestros padres, vuestros auténticos amigos los que siempre van a estar ahí. Y también mucho respeto a vuestras novias amigas a las que queráis, queredlas, pero quererlas bien. No dañéis, ellas son chicas jóvenes y tienen unas madres que no las han traído al mundo para que nadie les haga sufrir, sino para que las traten como reinas.

Y chicas, también os digo que no juguéis con los sentimientos de los chicos. Hay chavales muy buenos que, igual que vosotras, se merecen el mismo respeto y cariño, ellos también tienen una madre que quiere lo mejor para ellos. Todos sois iguales ante Dios, ante la vida y ante la mujer que os dio la vida.

¿Sabéis lo que sería ideal? Que al nacer ya viniéramos con conocimiento, eso es una quimera, pero cuánto se evitaría. Sería empezar con conocimiento de causa, ya no habría que ir aprendiendo sin ninguna imagen en la mente. Se sabría reaccionar y no depender de ir aprendiendo desde cero lentamente, mientras crecemos y nos hacemos adultos.

Las lágrimas, qué distintas son cuando son de alegría o de pena. Y es que en la vida hay momentos buenos y malos. Escoge los buenos siempre que puedas elegir, porque son los que te van a hacer feliz y los que vas a recordar siempre. Las buenas personas son las que van a aportar buenos momentos, no lo dudéis. Todo lo malo, lo único que te va a hacer es dañar tu existencia en este mundo. Por los errores que se cometen a veces tienes que pagar un precio muy alto.

Jóvenes, dejad a la gente que no aporta nada bueno, rodeaos de aquellos que solo quieren vuestro bien. Sé que es fácil escribir palabras que luego en la realidad son tan difíciles de conseguir, pero los seres humanos tenemos la capacidad de pensar y reaccionar ante las adversidades que se nos ponen delante.

Lo malo es que muchos de todos estos problemas empiezan en la niñez y siendo niños no se puede hacer nada, solo ser meros espectadores de lo que pasa a nuestro alrededor, muchas veces en el hogar o en la familia. Es algo que se escapa de nuestro alcance y se vive día a día con las personas que queréis y que tienen que protegernos.

Pero el mundo adulto es complejo y a muchos se les escapa que los niños sufren en silencio y llorando al ver la mala vida a su alrededor y eso es lo que en unos años os va a condicionar. Van a hacer y normalizar sus vidas en todo lo que han visto y vivido quizás pensando que eso es lo normal. No es que ellos quieran coger un camino u otro, es la edad y la inexperiencia. Padres maltratadores y madres asustadas y acobardadas por sus parejas y lo que pasa es que las madres casi siempre, no es que dejen a sus hijos ni mucho menos, pero se centran en que no se enfaden sus parejas. Y lo que hacen es estar siempre pendientes de que tengan todo a punto, hacer lo que ellos quieren para que no se enfaden, así pasan los días, solo que no se enfaden.

Y ahí estáis vosotros en medio y muchas veces a un lado en vez de ser el centro, pero no porque no haya amor, es porque las madres viven pendientes de que haya la máxima paz que puedan conseguir. Y está, por desgracia, demostrado que los hijos viven callados, pero luego de mayores con una mujer hacen lo mismo que hicieron sus padres, maltratar a golpes e insultos.

Es como cuando quieres a alguien y en vez de darle una flor le das un bofetón, es el mundo al revés. Decid, chavales, ¿qué pensáis cuando os echáis en la cama y no podéis dormir? ¿Echáis el cerrojo a los pensamientos y solo cerráis los ojos? ¿O acaso por algún momento pensáis en lo que habéis dejado ese día en el camino? Yo creo que no podéis dormir y al día siguiente os levantáis atormentados por lo que el día traerá de nuevo. La vida es muy injusta y a veces pagan justos por pecadores.

Hay pandillas que sus integrantes a veces son muchos porque poco a poco van captando a jóvenes que se dejan embaucar, primero por ignorancia, luego por sentirse valientes ahí se quedan. Y si alguna vez quieren irse ya están atrapados en un mundo sin futuro y lleno de maldad. Niños buenos que un día dejaron de serlo inconscientemente en muchas ocasiones, pero otros que tienen la rabia en sus cuerpos deseosos de causar daño, el que llevan en sus vidas, pero equivocadamente lo gestionan de la peor forma posible.

Esto es verídico, así funcionan situaciones como esta. Quiero que quede muy claro que todo esto está escrito para que ojalá lo lea la juventud y sirva de algo. Que quien coge el camino infernal siempre es la consecuencia de algo vivido en su infancia. Que todos los chavales siempre fueron buenos y en el corazón hay un sitio único que siempre permanecerá pase lo que pase. Y ahí se encuentra esperando ser despertado después de ser olvidado en mucho tiempo. Dulce juventud, tenéis la edad más bonita de la vida, aprovechad cada momento, las horas pasan y el tiempo.

Camino derecho,
camino infernal.

Adolescentes, sois el futuro de la humanidad, andad derechos sin volver la vista atrás. Nunca cojáis el camino del infierno, el que os destruirá a vosotros y a vuestra familia.

Va para todos vosotros
porque sois valientes
porque sois buenas personas
porque os lo merecéis
por lo algunos habéis pasado
y por los que no pasaron el infierno.

Mirad a vuestras madres, miradles los ojos, cómo los tienen de tanta lágrima, miradles la cara la veréis arrugada y su semblante es de tristeza y pena.

Chavales y chavalas, retroceded en ese camino de tanta destrucción, no merece la pena vivir así hasta el día de nuestra muerte. Y sin olvidar a vuestros padres que fuisteis su orgullo el día que nacisteis y tenían tantos planes y proyectos para todos vosotros. Los padres, lo más importante que vais a tener en este mundo, que no es fácil y hay que luchar cada día, pero sin ellos la vida se complica más.

Ojalá mis palabras sirvieran de algo, es lo que más deseo en el mundo. Que seáis felices sin miedos, no más corazones rotos. Quered a las madres, respetadlas, ayudadlas en el camino que ellas también tienen, hacédselo más fácil. Dadles abrazos, decidles lo que las queréis, dadles un beso, cogedles de la mano igual que ellas hicieron cuando erais unos niños y que nunca se soltarán de ella.

Dulce juventud,
divino tesoro,
dejad una huella bonita
en este mundo
el día en que la tengáis que dejar.